KB237430

프라하

매혹적인 유럽의 박물관

차례
Contents

프라하의 역사와 전설

프라하: 1억 명이 지나가는 체코의 수도

    시 전체가 박물관 같은 프라하Praha는 1994년 이래 매년 관광객 등 1억 인이 다녀가는 체코의 수도이며 유럽 여러 도시 중 가장 매력적인 도시이다. 독일 유대계 프란츠 카프카가 일생 이곳을 벗어나지 못한 이유도 그 때문이고, 빈에서 실패했던 오페라 「피가로의 결혼」이 프라하에서 대성공을 거두자 모차르트가 "나의 음악을 진정으로 인정해주고 즐길 줄 아는 사람은 프라하 시민"이라며 이곳에서 살면서 「돈 조반니」를 작곡하여 초연한 것도 그런 이유에서이다. 또한 카프카의 친구 막스 브로트는 프라하를 악의 도시라고 했고, 영화「프라하의 봄」의 원작소설『참을 수 없는 존재의 가벼움*Nesnesitelní lehkost bytí*』으로 우리에게 잘 알려진 체코 작가 밀란 쿤데라는 프라하를 "세상에서 가장 에로틱한 도시"라고 말했다.

영국의 찰스 황태자는 1991년 이후 여러 번 프라하를 방문하여 "구시가지 광장은 아주 독특한 건축학적 보고로서 보존할 가치가 있다."고 하며 런던에 '프라하의 역사적 건물 재단'을 설립하였다. 그 후에도 그는 여러 번 이곳을 방문하여 프라하의 건축미를 찬양했다. 또 영국의 작가 루시디Rushidi, 미국의 작가이자 수필가 비달Vidal 등이 프라하를 방문하여 문화적인 분위기를 찬양하였다. 그 외에도 한국의 작가 이문열 씨 역시 몇 번인가 프라하 작가대회에 참석하여 고색창연한 도시의 미를 부러워했다.

프라하 주위의 누드촌이나 호숫가에서는 아담과 이브의 삶을 즐기는 나체족을 볼 수 있다. 이는 중세부터 내려온 아담파의 전통이며 자유와 진보를 사랑하는 체코의 한 단면이다. 또 프라하에서는 서민들이 드나드는 선술집에서 토플리스 웨이트리스가 따라주는 질 좋은 맥주를 마실 수도 있다.

영화 같은 도시 프라하

프라하는「아마데우스」「미션 임파서블」「트리플 엑스」등의 영화 속에서도 매혹적으로 등장한다. 빈 디젤이 출연한 영화「트리플 엑스」의 숨 가쁜 초반 20여 분은 카렐다리(Charles

Bridge) 및 프라하 중심지를 배경으로 하고 있다. 그리고 주인 공들이 식사하는 아름다운 식당은, 아르 누보 양식의 건물로는 프라하뿐만 아니라 유럽에서 가장 아름답다는 시민회관의 1층 프랑스 식당이다. 시민회관은 1918년에 체코슬로바키아의 독립이 선포된 곳이며, 2층의 스메타나홀은 매년 '프라하의 봄'이라는 국제음악축제가 개막되는 곳이다.

이처럼 프라하는 세계 영화제작자들의 사랑을 받는 도시이다. 밀란 쿤데라는 프라하에 있는 체코국립영화학교(FAMU)에서 오랫동안 학생들을 가르쳤다. 「아마데우스」「뻐꾸기 둥지 위로 날아간 새」「래리 플린트」라는 명화를 만든 체코 출신의 위대한 영화감독 밀로스 포만Milos Forman도 이곳에서 영화수업을 받았고, 「아빠는 출장 중」과 「언더그라운드」로 잘 알려진 유고 태생의 세계적인 감독 쿠스트리차도 체코국립영화학교에서 교수로 재직했다.

스메타나의 「나의 조국」에 묘사된 프라하

프라하는 유럽의 십자로에 위치하고 있어 유럽의 심장이라고 불릴 정도로 지리적으로 유리한 위치에 있기 때문에 선사시대 이후 해외 무역상들에게도 아주 매력적인 도시였다. 중세에는 멀리 아랍의 상인들이 들락날락했고, 이탈리아의 르네상스 시인 페트라르카Petrarca도 이곳을 방문한 적이 있다. 지금도 프라하는 먹을거리가 싸고 볼거리가 아주 많아서 수많은 관광객이 찾곤 한다. 또한 유럽을 정복하는 데 있어 요충지 역할을 할 수 있는 곳이라 여겨져 체코는 유사 이래 수많은 외세의 침략을 받아왔다.

프라하의 도시는 9세기 말부터 로마네스크 건축물이 들어서기 시작한 비세흐라트Vyšehrad 성채와 프라하성(Prague Castle)이라고 일컫는 흐라트차니Hradčany 성채를 중심으로 발전하기 시작했다. 특히 구시가지 광장에 대규모의 시장이 형성되면서 도시가 번창하기 시작했는데, 스메타나Bedrich Smetana(1824~1884)의 교향시 「나의 조국」이나 그의 애국적인 오페라 「리부세」, 드보르작Antonín Dvořák(1841~1904)의 음악이나 19세기 말 체코 고대 전설을 쓴 이라세크의 이야기에 프라하의 모습이 아름답게 그려져 있다. 「나의 조국」에 묘사된 '블타바(독일어로는 몰다우)강'은 프라하로 흘러 들어오면서 굽이치고, 빠른 물살로 프라하를 가로질러 흘러간다. 예전에는 주요 수로의 역할을 담당했고 지금은 프라하의 구릉지를 아름답게 해주는 중요한 배경 중 하나인 블타바강, 그곳에서 한가로이 노닐고 있는 백조와 갈매기는 프라하의 풍경을 한층 더 평화롭게 한다.

보헤미아(체코)의 유래

프라하에서는 기원전에 켈트족이 살았던 흔적이 발견되었다고 한다. 그리스의 역사가 헤로도토스나 로마의 역사가 율리우스 시저 등의 이야기에 의하면, 켈트족이 프라하 정착민을 보이Boii, 보이오하에뭄Boiohaemum, 보헤미아Bohemia라고 불렀다고 한다. 체코를 보헤미아라 부르는 것도 이것에서 유래한다.

또한 프라하에서는 기원 전후 로마제국의 멸망과 더불어 게르만족이 이곳을 점령하였음을 증명하는 유적들도 발견되었다. 슬라브족은 6세기경에 이곳에 정착하기 시작하였다. 고고학의 발견 유물과 프랑크족들의 연대기, 바바리아족들의 지형학, 아랍 및 히브리인(유대인)들의 문헌은 9~10세기에 이곳에서 문화가 발전하기 시작했다는 것을 증명하고 있다.

프라하의 의미

9세기 말, 체코는 프르제미슬 왕가 아래 통합되어 독자적인 국가로 건설된다. 전설에 따르면, 프르제미슬 왕가의 시조는 현명한 공주 리부셰이다. 전설적인 인물이자 서슬라브 족장이었던 리부셰는 전통적인 여성 통치에 염증을 느낀 부족민들의 불만을 간파하고, 비천한 농부를 자신의 남편이자 부족의 통치자로 선택했다. 이리하여 프르제미슬가家의 400여 년의 통치가 시작되었으며, 성 바쫄라프와 프르제미슬 오타카르 2세도 리부셰의 혈통을 이어받았다.

오타카르 2세가 전사한 지 얼마 되지 않은 1306년, 왕권은 프르제미슬가에서 룩셈부르크Luxemburg가로 넘어갔고, 이 가문에서 체코 프라하 역사상 가장 위대한 왕인 카렐 4세가 나왔다. 1526년 이후 프라하는 오스트리아 합스부르크 왕가의 통치를 받기 시작했는데, 1620년 프라하 서북쪽의 빌라호라 전투에서 신교운동을 하던 체코 군대가 오스트리아의 가톨릭 군대에 패함으로써 체코 왕국은 독립을 빼앗겼다. 그러나 제1차 세계대전 후 1918년 10월 28일에 합스부르크 왕가의 통치가 끝나자, 300여 년 만에 독립한 체코슬로바키아 공화국은 1939년 나치점령 전까지 찬란한 문화·경제적 성장을 바탕으로 유럽에서 가장 모범적인 민주주의 정치체제를 갖추었다. 그러나 1945년 전후 혼란시기를 거쳐 1948년 소련의 간섭하에 공산주의 국가가 되어 침체에 빠졌으나, 1989년 벨벳혁명으로 다시 자유국가가 되어 제2의 전성기를 맞이하게 되었다. 1993년 슬로바키아와 분리 독립한 체코는 2005년에 EU의 멤버가 되었다.

프라하라는 이름에는 '문지방(práh)'이나 '언덕(little hill)' '불로서 숲을 태운다(pražiti)' '강물의 소용돌이(prahy)' 등의 의미가 있다. 프라하는 940~950년대에 독일 연대기작가와 아랍여행객에 의한 무역이 활발했던 곳으로 기록되어 있다. 최초로 프르제미슬 통치하의 프라하에 대한 기록을 남긴 국제적인 관찰자는 야쿱Ibrahim ibn Ya'qub이라는 박학한 유대인으로, 그는 스페인에서 아랍어로 기록을 남겼다. 그에 의하면, 프라하는 러시아와 터키 상인, 모슬렘족과 유대인들이 질 좋은 상품을 구입하러 오는 곳일 뿐 아니라, 음식물이 싸고 풍부하며 부유한 도시로 묘사되어 있다. 그래서 프라하에는 골렘 전설 등 유대인에 얽힌 전설이 많다.

체코의 세종대왕: 카렐 4세

1278년 오타카르의 죽음과 1306년 프르제미슬 왕가의 마지

막 왕인 바쯸라프 3세의 피살 후, 프라하는 무정부와 외세의
침략, 전염병의 창궐 등으로 황폐화되었다. 또한 외국군대의
간섭 등으로 거의 전시상태에 놓였고, 프라하의 가난한 민중은
체코 귀족들을 동정하기 시작했다. 그래서 그들은 헨리 왕에
게, 룩셈부르크 왕가의 젊은 왕자 존이 프르제미슬의 공주 엘
리슈카와 결혼하여 장차 보헤미아의 왕이 되도록 해줄 것을
요청하였다. 존 왕의 아들 바쯸라프(후에 카렐-찰스Karel-Charles
로 불림)는 1316년에 태어났고, 아버지의 명으로 이탈리아와
프랑스에서 교육을 받았다. 교황은 존 왕과 그의 아들 카렐의
요청으로 1344년에 프라하에 총주교 제도를 승인하는 칙서를
발행했다. 그들은 또한 프라하의 독립을 상징하는 비트성당의
초석을 놓았다.

전쟁을 좋아하던 존 왕
이 죽자 카렐 4세는 1346년
에 신성로마제국의 황제로
선출되었고 보헤미아의 왕
을 계승하였다. 로마인들
과 이탈리아인들은 카렐이
로마에서 과거의 위대한 로
마제국을 재건하길 바라며
그를 신성로마제국의 황제
로 뽑았으나, 그는 그들의
희망을 버리고 어머니의

카렐 4세의 동상

고향 프라하로 수도를 정하여 이주했다. 그는 프라하에서 체코어를 배웠고, 프라하를 유럽 권력의 심장부로 만들어 종교적 건축물과 창조적인 문화의 도시로 변모시켰다. 그는 체코에 인본주의 전통을 세운 위대한 통치자였고, 오늘날 프라하의 기본적인 틀은 그의 통치기간에 만들어졌다. 당시 프라하는 파리나 런던보다 큰 도시였으며, 그가 건설한 신시가지 바쯜라프광장(Václavské náměstí) 지역과 민족극장 지역은 오늘날 프라하의 중심 중 하나이다.

성 비트성당: 체코 왕국과 신성로마제국의 상징

성모 마리아에게 헌정된 보르지보이의 교회당, 로마네스크 양식의 성 이르지성당, 바쯜라프의 로툰다에 이어 네 번째로 흐라트차니 언덕에 있는 장엄한 고딕 양식의 새로운 성 비트Vít(비투스Vitus)성당은 보헤미아 왕국의 기독교 전통을 강화하기 위한 통치자 카렐황제에 의해 세워지기 시작한 건물이다.

그러나 이미 1344년에 존 왕의 명으로 프라하의 가장 상징적인 이 성당의 기초는 마련되었다. 성당의 초기 건축가인 프랑스 아라 출신의 마티아스Mattias of Arras는 성당의 동쪽 부분과 8개의 주요 교회당, 기본 기둥들과 성당의 트리포리움에 올라가는 벽을 건축했다. 그의 사후 1350년대 중반에는 쾰른 출신의 페트르 파를러Petr Parler가 카렐황제의 명을 받고 아름다운 양식으로 성당을 축조하였으며, 후스전쟁(Hussite War)이 도래하기까지 파를러와 그의 손재주 있는 석공들이 까치발

(consoles)과 이무깃돌들(gargoyles), 소크라테스상, 악마가 배반자 유다의 영혼을 그의 입으로부터 끄집어내는 모습 등 수많은 괴상한 모습들과 가면들을 건물의 처마 끝에 조각했다.

체코의 수호성인 착한 왕 바쯜라프의 전설

성당 내에는 바쯜라프 대공을 기리는 예배당이 첨가되었다. 제단에는 성 바쯜라프의 묘가 설치되었고, 예배당은 금과 준보석들로 상감되고 장식되었다. 성 바쯜라프의 예배당은 그를 체코왕국의 수호성인으로 추대·추모하기 위해 만든 것이다.

이 예배당의 프레스코 또한 전형적인 고딕 양식이다. 성 비트성당에서 가장 중요한 역사적 장소인 모든 벽면은 번쩍이는 보석과 화려한 도금으로 장식되어 있고, 각종 프레스코화와 더불어 중요한 예술 작품이다. 예배당 내의 황금으로 된 작은 탑에는 영성체에 쓰이는 성체와 성혈이 있다. 성당 지하에는 여러 위대한 통치자와 왕비들, 카렐 및 그의 동료 성직자들과 네 황후의 흉상들이 예수 그리스도와 성모 마리아, 수호성인들의 흉상들 아래 안치되어 있다. 이 지하에서는 성당의 로마네스크 양식의 기초를 볼 수 있다.

강력한 보헤미아 왕국과 신성로마제국의 상징이었던 성 비트성당은 10세기부터 재건설을 거듭하다가 드디어 1918년 체코가 독립하던 무렵에 그 대단원의 완성을 보았다. 이 대성당은 체코 왕국과 공화국의 상징으로, 지하의 로마네스크 양식 기반 토대와 동쪽 끝의 고딕 양식 건축물, 중앙에 있는 바로크 양식의 높은 탑, 고딕 양식을 재건한 성당 서쪽 부분의 큰 홀과 쌍탑으로 이루어져 있으며, 성당 내부의 채색 유리는 화려함의 극치를 보여준다. 그리고 이곳에는 20세기 초의 아르 누보 대화가 알폰스 무하Alfons Mucha가 성 찌릴과 성 메토디우스를 묘사한 스테인드글라스, 체코 배우를 새긴 그림과 스테인드글라스 디자인 등 체코 건축과 예술의 전통이 잘 보전되어 있다. 그래서 이 성당은 내부 장식이 가장 화려한 성당으로 많은 사람들에게 찬양받고 있다.

비셰흐라트의 전설

카렐황제는 신시가지 건설의 일부로 비셰흐라트를 재건, 프르제미슬 왕조에 대한 존경심을 보임으로써 자신의 권력 이데올로기와 애국심을 증명하였다. 또한 비셰흐라트를 부활시키고자 15개의 탑 안에 새로운 보호벽을 개축하였고, 새로운 궁전을 건축하였으며, 성 베드로와 성 바울성당을 초기 고딕 양식, 즉 두 개의 본당과 하나의 측면 예배당으로 개축하였다. 이후에도 이 성당은 여러 번에 걸쳐서 다양한 양식으로 개축되었는데, 1885년에 네오고딕 양식으로 개축한 것이 오늘날의 모습이고 서쪽을 향해 치솟은 쌍탑은 1902년에 완성되었다.

이 비셰흐라트 지역(스메타나, 드보르작, 사이페르트, 차페크 등 유명한 작가, 배우, 성악가 등의 묘지가 있음)은 프라하의 전설이 얽힌 곳으로, 전설적인 리부셰 공주가 프라하라는 도시의 영광을 예견했던 곳이며 체코의 왕위가 시작된 곳이기도 하다.

이 곳에는 신고딕 양식의 높은 성당, 문화유적과 체코국립묘지
가 있어 사람들의 발길이 끊이지 않는다.

비셰흐라트는 아마도 체코인들의 민족적 정체성이 가장 잘
나타나는 유적 중 하나일 것이다. 체코의 초대왕조 프르제미슬
가 통치시대의 유물로서 지금까지 남아 있는 것은 참사회의소
와 옛 왕궁 터에 있었던 성 베드로와 바울 성당을 연결해주던
교각인데, 지금의 성 베드로와 바울 성당 옆의 공원 북쪽에 그
잔해가 남아 있다. 브라티슬라프 왕에 의해 건립된 성 마르틴
로툰다는 프라하에 몇 안 되는 로마네스크 양식의 건축물로,
프라하에서 완벽하게 보존된 또 하나의 유물이다. 블타바강과
프라하성이 내려다보이는 비셰흐라트 언덕은 체코의 로렐라이
언덕이라고 불리지만, 필자가 보기에는 규모나 아름다운 전경,
여러 가지 얽힌 전설로 볼 때 로렐라이보다 훨씬 빼어나다. 이
언덕에서 바라보는 프라하의 정경은 환상 그 자체이다.

전설이 얽힌 카렐다리

1172년 유디트다리가 블타바강 위에 최초로 건설되었다. 이
는 현재 카렐다리보다 약간 북쪽에 위치하였으며 붉은 돌로
건설되었으나 홍수로 파괴되고 지금은 1158년도에 만들어진
유디트교탑만이 남아 있다. 유디트다리는 왕후 유디트Judith의
이름을 딴 구석조다리로서 1342년에 홍수로 훼손되었다.

카렐황제의 명을 받은 페트르 파를러는 1357년부터 새로운
프라하다리를 위한 거대한 공사를 주도했다. 새로운 고딕 양식

의 석조다리는 아무런 장식 없는 16개의 거대한 교각 위에 세
워졌으며, 1970년에 카렐황제의 이름을 따서 카렐다리로 불려
졌다. 또한 다양한 바로크 양식의 조각들은 17세기부터 만들
어지기 시작했다.

카렐다리는 프라하의 등뼈일 뿐만 아니라 나라의 가장 중요
한 통로이며, 부와 권력, 힘과 영예의 상징이기도 하다. 이 다
리의 길이는 520m이고 넓이는 약 10m이다. 건축재료는 사암
으로 된 벽돌인데, 전설 같은 비사에 의하면 달걀을 섞은 치장
벽토로 그 강도를 높였다고 한다. 카렐다리는 원래 황제가 말
을 타고 왕도를 따라 구시가지를 거쳐 쩰레트나 거리가 끝나
는 화약고 탑문이나 비셰흐라트로 갈 때 건너는 다리였다. 또
한 이곳은 유럽의 30년 전쟁의 정전협정(1648)이 맺어졌던 곳
이기도 하다. 20세기 초에는 전차가 다녔으나 그 후 다리의 보
호를 위해 전철 시설을 철수하고 인도교로만 사용하고 있다.

카렐다리는 600년이 훨씬 넘는 오늘날까지 세계에서 가장
아름답고 견고한 돌다리로 사람들의 사랑을 받고 있으며, 프라
하 관광의 가장 중요한 역사물이다. 현재 다리 위에는 세금을
내는 화가와 장인, 악사들이 행인들의 발걸음을 유혹하고 있
다. 그러나 이 세금만으로는 다리를 유지할 수 없어서 최근에
는 다리 수리비 모금을 위해 통행세를 받자는 의견도 나오고
있다. 또 수리를 위해 조만간 다리를 폐쇄할 계획을 세울 것이
라고도 한다.

다리 양쪽에 있는 교탑 중 구시가지 쪽의 것은 고딕 양식의

것 중에서는 세계에서 가장 아름다운 교탑이다. 교탑 상층부에 새겨진 성 바쯜라프상, 성 비트상과 카렐 4세의 상은 고딕 양식의 조각상으로 유명하다. 교탑 위로의 투어는 주위 전체를 조망할 수 있어 프라하 여행의 백미이다.

카렐다리 위의 조각예술품: 예수 수난 십자가

카렐다리의 원래 장식은 나무로 만든 예수 수난 십자가(구 시가지 쪽 강 하류 난간의 세 번째 조각)가 유일한 것이었다(1628년 N. Brohn의 작품). 십자가 상층부에는 I.N.R.I.라는 약자가 적혀 있고 하층부에는 히브리어로 "거룩, 거룩, 거룩한 만민의 주여."라는 문구가 있는데, 이는 십자가에 등을 돌리고 엉덩이를 내보여 기독교를 모독한 유대인을 처벌하기 위해 쓰였다고 한다. 십자가 밑 양쪽의 성모 마리아와 세례 요한의 상은 막스E. Max에 의해 1861년에 추가되었다. 그 두 조각 사이에는 위의 문구를 라틴어, 체코어, 독일어로 새긴 명판이 있어 유대인의 신성모독죄와 벌을 상징하고 있다.

성 얀 네포무쯔키의 전설

그 후 1683년 성 얀 네포무쯔키Jan Nepomucký의 상(강 하류 난간 한가운데 조각)을 시작으로 카렐다리의 양 난간에 15개씩 도합 30개의 바로크 양식의 거대한 조각상이 세워졌다. 이 상들은 대부분 성경이나 체코 역사에 나오는 성인들이다. 성 얀 네포무쯔키의 상은 중부 유럽 곳곳에서 발견되는데, 카렐다리

에 있는 것은 로마의 폰테 산트 안젤로에 있는 베르니니의 조
각들에서 영감을 얻었다고 한다. 이 상에는 네포무쯔키의 순교
장면과 충실을 상징하는 개 한 마리가 부조되어 있다. 네포무
쯔키의 부조를 잡고 소원을 빌면 그것이 실현된다거나, 개를
잡고 행운을 빌면 애인이나 배우자가 자신에게 일생동안 충실
하다는 소문 때문에 수세기 동안 수많은 사람들의 손길이 닿
은 이 부조는 윤기가 나서 반들거린다.

프라하의 동대문 화약고 탑문

프라하의 동대문 격인 화약고 탑문(프라슈나 브라나Prašná
brana)은 1475년 이후에 세워졌으며, 구시가지 광장을 향해 있
는 문은 사실 탑의 일부이다. 이 탑은 17세기 말까지 화약고로
사용된 연유로 '화약고 탑문'이라 불린 전형적인 고딕 양식의
탑이다. 구시가지를 둘러싸고자 세웠던 13개의 탑문 중 하나
로서 보존되어왔고 현재는 전시장 관람객이나 관광객을 위한
전망탑으로 이용되고 있다.

성 바쯜라프 왕관

1346년 신성로마제국의 황제가 된 카렐 4세는 체코 왕으로
서의 대관식을 위해 성 바쯜라프 왕관(Svatovaclavská koruna)을
완성하도록 명했다. 성 비트성당의 보고寶庫에 보관되어 있는
이 금관의 무게는 2.5kg이고 표면은 세계에서 가장 큰 사파이
어를 포함한 91개의 보석과 21개의 진주로 장식되어 있다. 왕

관에는 왕권의 다른 상징들인 사과(무게 750g)와 왕이 가지는 홀笏(길이 67cm, 무게 1,015g)이 있다. 은銀은 14세기에 체코 왕국의 여러 곳에서 채광되었는데, 무엇보다도 이흘라바Jihlava와 쿠트나 호라Kutna Hora에서 많이 채광되었다.

체코의 삼국사기 달리밀 연대기

우리나라의 삼국사기와 비교할 수 있는 달리밀Dalimil 연대기는 체코 국가의 형성으로부터 룩셈부르크 왕가의 계승까지(9세기~1306)의 역사를 운문으로 묘사하고 있다. 후스주의(Hussitism) 시대에는 체코어가 신학과 행정 분야에까지 사용되었으며, 이 시기에 체코어로 쓰인 문학은 체코문학으로 여겨지기 시작했다.

유럽의 책 인쇄술(1444)은 구텐베르크J. Guttenberg가 발명하였고, 최초의 체코 책(『뜨로얀 연대기Kronika Trojanska』)은 1468년에 맥주의 도시 플젠에서 인쇄되었다. 이러한 인쇄술의 발달로 신본주의의 중세문화는 끝나고 인본주의의 르네상스 문화가 본격적으로 시작되었다. 백문불여일견百聞不如一見이라고, 중세의 고딕 문화를 자세히 알고자 한다면 고딕 문화의 보고인 프라하를 꼭 방문하길 권하고 싶다.

카렐대학교: 중세 학문의 메카 - 중부유럽 최초의 대학

카렐대학교는 르네상스 기운이 태동하던 중세 말기에 독일 및 슬라브권에서는 최초로 설립된 대학이다. 카렐대학은 중부

카렐대학교

유럽 학문의 중심지로 중세의 학문 풍토와 전통을 이어받았으며 인본주의 사상의 메카로서 유럽 지성사에 큰 몫을 했다. 카렐대학의 전신인 프라하대학은 1347년 카렐의 친구이자 스승인 클레멘트 교황 6세의 특별 칙서에 의해 허가받아 이듬해인 1348년에 설립되었는데, 카렐황제가 잘 알고 있던 볼로냐대학과 파리대학을 모델로 삼았다(그는 왕자 시절 이탈리아와 프랑스에서 수학하며 이 학교들의 학문적 분위기를 경험한 바 있었다). 대학의 핵심 건물은 카롤리눔Carolinum으로서 오늘날 학교의 주요 행사가 이루어지는 대학 건물 중 가장 오래된 곳이다. 이 카롤리눔에는 고딕 양식의 튀어나온 창문과 벽이 보전되어 있다. 르네상스 최초의 서정시인으로서 카렐황제와 교류했던 페트라르카는 14세기 중엽에 이곳을 방문한 바 있다.

얀 후스: 종교개혁가이자 체코 민족의 양심

카렐대학교 총장을 역임하였던 얀 후스Jan Huss는 체코 고딕 시대의 위대한 학자이자 설교가였다. 그는 루터보다 1세기 전에 종교개혁을 시도하기 위해, 부패하고 시대에 뒤떨어진 가톨릭 교리를 수정하고 공격하다가 이단으로 몰려 1415년에 화형당하였다. 그가 가톨릭 교황청에 의해 화형당하자 그를 따르던 후스파의 철저한 종교운동은 봉건적인 가톨릭 성당을 퇴조시키고 귀족계급과 도시시민계급을 부상시켜 중세 봉건사회의 몰락을 재촉하였다. 하지만 그들이 종교 이외의 문화를 인정하지 않아 체코 땅에서의 참다운 르네상스 문화의 발전을 방해한 것은 역사의 아이러니이다.

물론 후스주의가 유럽사에 세운 큰 공헌은 무엇보다도 인간의 개혁정신과 신앙의 자유에 대한 불굴의 신념이라 하겠다. 그의 사망 1세기 후 르네상스가 시작될 때, 독일의 종교개혁가 마틴 루터에 의해 주도된 유럽의 종교개혁은 많은 부분에 있어 체코의 후스주의와 관련을 맺고 있었다. 종교개혁은 언어적으로 이해할 수 있는 종교의식과 찬송, 개인적인 성경 강독의 계발을 요구했는데, 이는 "성당에서 성직자들과 교육받은 자들만이 이해하는 라틴어 미사 대신 민중들이 이해할 수 있는 민족어로 설교해야 한다."라 했던 얀 후스의 주장과 그 맥을 같이한다. 실제로 그는 기독교 초기에 작은 교회운동을 하며 체코 민중이 이해할 수 있도록 체코어로 설교하였고 체코어 개혁을 단행하였다. 그의 파격적인 교리는 카렐황제도 이해하

얀 후스 동상

였으며 그가 체코어로 설교하던 프라하 시내의 베들레헴교회
는 후스파들의 성지가 되었다.

그를 기리는 프라하 시민들의 염원으로 20세기 초 프라하
구시가지 광장 한가운데에는 그의 장엄한 모습의 동상이 세워
졌다. 이 기념비는 후스를 중심으로 두 그룹의 인물상을 묘사
하고 있다. 하나는 종교전쟁에서 승리를 거둔 후스파 전사들이
고 다른 하나는 200여 년 후에 추방당하는 프로테스탄트들과
체코의 부흥을 상징하는 한 젊은 어머니의 모습이다. 당시 체
코인들은 체코가 반드시 부활할 것이라는 강한 신념을 가지고
있었고, 이 기념비가 세워진 3년 후에 체코는 독립하였다.

이 기념비는 라디슬라프 샬로운L. Šaloun이 제작한 것으로
1915년 후스 서거 500주년 기념일에 공개되었다. 체코 민족주

의의 상징인 후스의 위풍당당한 모습은 종교적 신념을 위해 희생을 마다하지 않은 지도자의 도덕적 권위를 나타낸다. 여기에는 "진리는 승리한다."라는 문구가 새겨져 있으며, 이 동상의 벽은 2005년의 한국 드라마 「프라하의 연인」에서 연인들이 애인을 만나기 위해 쪽지를 붙여놓던 곳이기도 하다.

프라하 건축문화의 보고

수많은 전쟁을 겪었음에도 불구하고 체코 땅에 남아 있는 문화유산은 놀라울 정도로 많고 다양하다. 지방 곳곳에 유서 깊은 성곽, 대저택, 성당과 교회, 조각물들이 산재해 있고, 로마네스크, 고딕, 르네상스, 바로크, 클래식이즘, 아르 누보, 포스트모더니즘 양식의 예술을 한눈에 볼 수 있는 프라하는 '유럽의 박물관' 또는 '유럽의 미술관'이라고 불릴 정도로 시내 전체가 문화유적들로 가득 차 있다. 인간의 손길이 다듬어낸 고색창연한 건축 조각물과 반들반들한 조약돌길, 그리고 자연의 선물인 나무숲과 꽃나무가 어느 도시보다도 조화를 잘 이루고 있다. 일찍이 괴테에 의해 '황금의 도시'라고 찬양받은 프라하는 모차르트와 스메타나, 드보르작의 음악과 더불어 환

상적인 분위기를 창출해내어 수많은 예술가들과 여행객들의
발길을 머물게 한다.

로마네스크와 고딕 양식으로 시작된 프라하의 건축

10세기에 이미 프라하성의 건축물들로 시작된 체코의 로마
네스크 건축은 당시 상당히 높은 수준을 자랑하였다. 대표적인
바실리카 양식의 장방형 교회가 프라하성의 이르지Sv. Jiří교회
인데, 2개의 뾰족탑은 오늘날도 프라하성의 윤곽을 수놓고 있
다. 지붕이 둥근 원형의 로마네스크 로툰다rotunda로는 비셰흐
라트 성곽 입구에 있는 성 마르틴 로툰다를 비롯하여 프라하
에 있는 4개의 로툰다와 프라하 북쪽에서 좀 떨어진 보헤미아
의 전설이 담긴 르지프Říp의 로툰다가 유명하였다.

대개 고딕 건축 양식
이라 하면 뾰족한 아치
모습, 즉 중세의 신비주
의 분위기를 자아내는
성당의 탑을 상징하는
건축양식을 말한다. 하
지만 사실은 훨씬 더 복
잡하다. 뾰족탑의 아치
양식은 아랍에서 유래하
였는데, 아마도 예루살렘
왕국의 성당들을 건립한

성 마르틴 로툰다교회

중세 십자군들을 통해 유럽으로 전해졌을 것이다.

또한 고딕 양식이라는 말도 역사적 사실과는 일치하지 않는다. 고트Goth족은 문명화되지 못한 독일민족으로 당시 로마 사람들에게는 야만족이라 불려졌다. 비록 고딕 예술이 독일이 아닌 프랑스에서 발생하였지만, 괴테에 의해 이러한 역사적 시기의 진정한 가치가 재발견된 것은 아이러니이다. 고딕 건축 양식은 고대문화의 계승자임을 자부하는 이탈리아인들에 의해 프랑스에서 시작되어 알프스 이북으로 확산된 것이지만, 장엄한 성당문화의 특징으로 인해 고트족의 이름을 따서 불렀던 것이다. 12~14세기에 그 전성기를 맞이한 고딕 양식이 체코에 전해진 것은 13세기이다.

고딕 문화는 중세 기독교사회의 철학·신학적 사상을 포함한다. 중세 고딕 문화는 모든 것이 신의 창조물이라는 범우주적인 사상이 근간을 이루는데, 이에 따르면 세상의 모든 발생은 신의 의지에 의해서이고, 우주에는 엄격한 질서가 존재하며, 존재하는 모든 것은 이 질서에 따른다. 그리고 불완전하고 유한한 이 세상은 최후의 심판의 날을 맞아 완전하고 영원한 하느님의 왕국으로 구원받을 것이라고 한다.

고딕 예술의 중요한 원칙은 수직선이다. 창공을 향해 찌를 듯이 솟은 첨탑과 산꼭대기에 우뚝 솟아 있는 고딕 성곽 등으로 상징되는 수직선은 영원한 하느님의 왕국에 도달하고자 하는 중세인들의 염원의 표현이며, 이승의 유한성과 불완전을 극복하고 사후에 영혼의 구원과 영생을 얻으려는 갈망의 종교적 표현이다. 또한 뾰족한 아치는 신을 향해 기도하고 있는 두 손의 모습을 떠올리게 하는 고딕 양식의 또 다른 특징으로서, 이는 하늘나라를 향한 중세인들의 갈구를 표현한다. 고딕시대의 사람들은 단순함과 직선미를 바탕으로 하는 예술을 통해 육체에 대한 영혼의 승리를 표현하려 하였다. 중세 기독교사회의 계급 역시 수직적인 구성을 이루고 있었다. 교회에서는 교황에서 추기경, 대주교, 주교, 말단 성직자로, 국가에서는 황제, 왕, 대공에서 대귀족, 낮은 귀족, 그리고 평민과 농민, 노예에 이르기까지 수직적 계급을 형성하고 있었다.

프라하의 고딕 양식 건축물은 후대까지 잘 보존되어 이용되는 것이 특이하다. 무명작가가 많았던 체코 후기의 고딕 작품들에서 때때로 건축가, 조각가, 문학의 필사본 작가들의 이름이나, 작가에 대한 직접적인 표현 혹은 초상이 나타나는 것은 인간 주체에 대한 자각의 표현이었다. 이는 이탈리아의 르네상스문화나 불가리아의 이콘 성화에서처럼 새로운 시대, 즉 르네상스의 기운을 보여주는 것이다.

뾰족탑의 아치는 체코 고대문화의 전성기라 할 수 있는 카렐 4세 시대에 번창했다. 고딕시대는 때때로 '대성당의 시대'라고 불린다. 물론 대성당 외에도 작은 성당과 예배당, 수도원 등의 교회 관련 건축물과 세속적인 건물인 중세의 성곽, 일반 주택, 시청, 다리, 탑문 등이 있지만, 고딕식 성당들은 그 거대함과 수많은 장식들로 오늘날까지도 방문객들을 경탄케 한다. 프랑스 파리의 노트르담Notre-Dame성당, 영국 캔터베리에 있는 성당 등이 세계적으로 유명하고, 필자가 보고 경탄과 찬탄을 금치 못한 것 중에는 프랑스 스트라스부르Strasbourg의 대성당과 런던의 웨스트민스터사원, 독일 쾰른의 대성당, 오스트리아 빈의 스테판성당, 부다페스트의 마챠스성당, 프라하의 성 비트성당 등이 있다. 체코 국내의 예술적 전통은 프랑스, 독일(건축과 조각) 그리고 이탈리아(특히 회화)로부터 영향을 받아 다양해졌다. 체코의 비트성당은 고딕 양식으로서 규모가 제일 크지는 않으나 내부의 예술적 치장은 세계 최고를 자랑한다.

고딕 건축물의 백미

프라하성에 있는 성 비트성당은 1344~1385년에 건설된 고딕 양식의 건축물이다. 프라하에 있는 가장 유명한 고딕 양식의 다리는 카렐다리이고, 수도원으로는 성 아네슈카수도원(Klašter sv. Anezky)이 가장 유명하다. 아네슈카수도원에 있는 성 다미아노(후에 클라이스키라고 불림) 회랑의 서쪽 통로는 보헤미아의 아네슈카가 일생 동안 이 수도원을 위한 사명을 받은 1240~1245년부터 그 역사가 시작되었다.

중부유럽에서의 고딕 양식 건축은 프라하의 성 프란티섹시토수도원(현재 이 수도원은 19세기 체코 미술관으로 사용되고 있다)의 건설을 시작한 보헤미아의 성 아네슈카St. Agnes of Bohemia와 그녀의 어머니이자 왕비인 콘스탄찌에 덕택에 프라하에 제일 먼저 소개되었다. 현재 이 수도원은 19세기 체코 미술의 미술관으로 사용되고 있다. 13세기에 세워진 프라하 구시가지에 있는 알트네우Altneu 유대인예배당(Staronová synagoga, 신구 시나고그)은 유럽에서 가장 오래된 고딕 양식의 유대인 교회이다. 14세기 후반 프라하 구시가지 광장에 '종탑에서'라는 독특한 탑이 달린 귀족의 건물이 건축되었다. 프라하에서 가장 높은 교회 본당을 가진 '흰 눈 속의 성모 마리아교회'와 '카를로프교회'는 전형적인 고딕 건축물이다. 고딕 양식의 건축은 야겔로 왕조 시대에 절정에 달하여 프라하의 '화약고 탑문'과 프라하성의 '블라디슬라프 홀'이 지어졌다.

오를로이 천문시계

구시가지 광장에서 그 위용을 자랑하는 '구시청사 탑'은 고딕 양식의 표본이다. 또한 탑의 남쪽에 달린 '오를로이Orloj 천문시계'는 프라하 관광의 백미이다. 유럽에서 제일 아름다운 벽시계인 이 시계는 수많은 이야깃거리로 전 세계 여행자들의 눈길을 끈다.

1490년에 하누쉬Hanus란 시계공이 프라하시의 요청으로 구시청 청사 남쪽 벽에 이 시계를 만들기 시작했다. 전설에 의하면 시장(혹은 그 당시 왕)이 그 시계공에게 후한 보답을 한 후 다른 도시에 더 아름다운 시계를 만들지 못하도록 시계공의 두 눈을 멀게 했다고 한다. 그런데 그 시계공이 죽을 무렵에 "비록 눈이 멀어 보지는 못하지만 내가 만든 시계를 만져보기라도 하는 것이 마지막 소원"이라고 하여 그에게 시계를 만져보게 하였는데, 그 순간부터 시계가 작동을 그만두었다고 한다

오를로이 천문시계

(러시아 모스크바에 있는 성 바실리성당에도 비슷한 일화가 있음). 시계가 다시 작동하게 된 것은 그로부터 약 1세기가 지난 후, 새로운 시계공이 그 원리를 연구하여 수리하고 나서야 오늘날과 같이 작동하게 되었다고 한다.

실제로 오를로이 천문시계는 1572년에 얀 타보르스키라는 유명한 시계공이 완성하였다. 매 정시가 되면 시계탑 앞에 수백 명의 관광객이 머리를 들고 시계의 신비한 작동을 바라보는 광경 자체가 큰 눈요깃거리인데, 신비로움과 아름다움에 대한 인간의 호기심을 목격할 수 있다. 찬탄의 목소리와 함께 카메라 셔터를 누르는 소리가 수없이 들리는 가운데, 시계의 중간 부분에 조각된 해골(죽음을 상징하는 알레고리)이 자신의 오른손에 감긴 줄을 당기면서 왼손으로는 모래시계를 들어 올려 뒤집는다. 그러면 시계의 맨 위에 있는 두 개의 작은 창문이 열리고 시계태엽에 해당되는 예수의 11명의 사도와 성 바울이 성 베드로를 따라 고개를 돌리며 천천히 움직이기 시작한다. 이러한 행렬이 끝나면 작은 창이 닫히고 시계 위쪽에 조각된 황금색 수탉이 홰를 치고 우는데, 이때 시계는 벨을 울려 실제의 시간을 알려준다. 그

외중에 모슬렘을 대표하며 투르크인을 상징하는 조각상이 고개를 좌우로 흔들어 동의하지 않는다는 모습을 보인다. '허무'를 상징하는 알레고리상은 거울을 보며 지난 세월을 회고하고, 고리대금업자의 모습을 본떠 만든, 탐욕을 상징하는 유대인의 알레고리상이 움직인다. 이 시계 내부의 움직임은 프라하 구시청 탑과 시청의 역사박물관에서 관찰할 수 있는데, 마치 단테의 신곡에 표현된 것처럼 지구 중심으로 천체가 움직인다는 중세 말 인간의 우주관을 반영하고 있다.

이 시계는 시각을 알리기 위한 것이라기보다, 당시 농사를 기본으로 하던 인간들이 지구를 중심으로 도는 태양과 달의 궤도를 모방하여 천체의 움직임을 알기 위해 만들어졌다. 그러므로 이 시계는 복잡한 구조로 되어 있는데, 시를 가리키는 시계 바늘은 세 가지 종류의 시각을 나타낸다. 중세 아라비아 숫자로 된 시계 원이 나타내는 시간은 보헤미아(체코)식 시각으로서 태양의 움직임에 따라 측정되는 해시계에 해당된다(우리나라 세종대왕 시절의 해시계에 해당된다고나 할까). 로마숫자로 된 시계 원이 나타내는 시각은 오늘날 우리 사회에서 통용되는 시간을 보여준다. 그리고 소위 바빌로니아식 시각에서 해가 비치는 시간은 기본적으로 12시간으로 나눠지며 그 길이는 계절에 따라 달라지는데, 숫자 판의 파란색 부분은 낮을 상징하는 하늘로서 12부분으로 구분되어 있다. 또한 이 천문시계는 16세기 프라하에서 매우 중요시되었던 황도 12궁을 통해 해와 달의 움직임을 보여주는 것으로, 당시 체코인들의 우주관이 표현된 멋진 실용작품이자 예술작품이다. 이와 비슷한 스타일의 웅장한 천문시계는 체코 동부의 문화 도시 올로모쯔와 프랑스의 남동쪽 알자스 지방에 있는 스트라스부르의 대성당 안에서도 볼 수 있다.

르네상스 문화란 무엇인가?

르네상스라는 단어의 원뜻은 '재생' 또는 '부활'로서 고대 그리스나 로마의 이상과 고전들의 재생과 관련되어 있다. 유럽의 르네상스는 시기적·사상적으로 근대에 속하는데, 서유럽에서의 근대는 크리스토퍼 콜럼버스가 아메리카를 발견한 1492년부터로 규정하기도 한다.

인문주의(humanism)는 라틴어의 humanus(인간적인)라는 단어에서 유래되었다. 르네상스라는 용어가 특정한 시기의 예술과 예술 양식을 나타내는 말인 반면, 인문주의는 어떤 특정한 시기에 구애되지 않는 명확하고 철학적이며 도덕적인 태도를 의미한다. '르네상스'라는 명칭은 16세기 이탈리아 문학사가였던 조르지오 바사리Giorgio Vasari가 그의 저서 『위대한 예술가들의 생애』에서 처음으로 사용한 이래 13세기부터 16세기까지 나타난 유럽의 문화현상을 지칭하는 명사로 정착되었다. 그리고 19세기 독일계 스위스 역사학자인 부르크하르트Jacob Burckhardt가 그의 탁월한 저서인 『이탈리아에서의 르네상스 문화』에서 이탈리아에서 르네상스가 가장 먼저 일어난 이유를 지적하면서 르네상스라는 개념이 유행하기 시작하였다.

과학의 발달: 케플러와 티코 드 브라헤의 동상

자연과학은 르네상스기에 큰 발전을 이루게 되는데, 유명한 지리상의 발견(콜럼버스의 아메리카 발견)과 천문학에 대한 새로운 이론이 대두되었다. 지구의 형태와 움직임, 행성계 내 지구의 위치 등 우주의 구조를 밝힌 케플러Kepler는 프라하에서 10여 년을 살면서 연구했다. 케플러의 동상은 동료 천문학자 티코 드 브라헤Tycho de Brahe의 동상과 함께 케플러고등학교 앞 케플러거리에 있다.

또한 프라하에서의 의학의 발달도 주목할 만하다. 카렐대학의 유명한 총장 중 한 사람인 얀 예세니우스Jan Jessenius는 1600년에 최초의 공개적인 시체해부, 즉 검시檢屍를 실시하여 명성을 얻었다. 예술 분야에서는 회화에서 원근법이 발견되었고, 그 외에도 화약과 인쇄술의 발명 등이 프라하에서 실현되었다. 예세니우스는 1620년에 체코가 오스트리아 가톨릭 세력에게 패한 후에도 신념을 굽히지 않아 구시가지 광장에서 26명의 귀족들과 함께 처형되었고, 천문 시계탑이 있는 구시청 벽에는 그들의 이름이 새겨져 있다. 프라하성 아래 황금소로(Zlatá ulička)는 연금술사들이 100% 순금을 만들기 위해 연구했던 곳이다. 비록 연구는 성공하지 못했지만, 이들의 거듭된 실패는 화학의 발전을 가져왔다.

르네상스 회화: 자비로운 마돈나

회화에서 매너리즘이 나타날 때까지는 종교적 테마로서 후기 고딕 양식이 지속되었다. 그러나 「자비로운 마돈나Spanilá Madona」 또는 「성모 마리아Panna Marie」의 모습들은 도시 처녀의 그것과 유사하다. 약 1500~1540년의 시기에 이 그림을 그린 무명의 체코 화가는 이탈리아와 독일의 회화에서 영감을 받았으며 시대의 르네상스 정신을 개성 있게 표현했다. 이는 리토므네르지쩨(프라하에서 북쪽으로 약 70km 떨어져 있는 도시)에 있는 교회 제단의 목판화에 따라 명명된 것이다. 화가 아르킴볼도G. Arcimboldo와 조각가 사델레르E. Sadeler 역시 르네상스 시대의 대화가들이었다.

르네상스기의 화가들은 유명한 귀족가문을 위해 초상화를 그리기도 하였다. 네덜란드 조각가이자 매너리즘 작가인 아드리안 드 브리스Adrian de Vries(1560~1626)는 1601년부터 프라하에서 활동했는데, 처음에는 루돌프 2세의 흉상을 제작하는 등 황제 루돌프 2세를 위해 일했으나 황제가 죽은 후에는 알브레히트 발트슈테인 제독을 위해 활동했다. 그는 또한 프라하의 전형적인 르네상스 양식의 궁전인 발트슈테인궁 정원의 동상들을 제작했는데, 동상의 원본들은 스웨덴에 있다. 벨베데르Belveder궁 안에 있는 유명한 '노래하는 분수대'는 이탈리아 출신 조각가들이 디자인·구상한 것이다.

16세기 말 체코 후기 르네상스 건축에는 새로운 경향이 나타나는데, 이전의 장식적인 요소와 기능적인 요소의 균형이 깨지면서 장식적인 요소로 무게중심이 이동한다. 이러한 변화는 르네상스 양식에서 매너리즘 양식으로의 전환을 의미한다.

매너리즘 양식

16세기 말 유럽의 궁정을 위한 전통적인 예술형식으로서 주로 회화, 조각과 응용예술에 적용된 매너리즘 양식은 르네상스적인 조화를 어기고 복잡한 상징을 지니고 있고, 종종 형식주의에 얽매이기도 한다. 매너리즘의 화가와 조각가들은 단지 놀라움을 주기 위해 미켈란젤로의 후기 작품에 나타나는 과장된 포즈를 더욱 강조했다. 그 전형적인 예가 체코의 매너리즘 화가 요셉 하인즈의 작품 「최후의 심판」이다.

신기하고 인위적인 예술을 무척 좋아했던 체코의 루돌프 황제는 16세기에 많은 매너리즘 화가들을 궁정에 초청하였다. 루돌프 황제의 컬렉션은 1648년 스웨덴 군대에 의한 프라하성 약탈 당시 많이 소실되었고, 남아 있는 작품으로 훌륭한 것은 독일 태생인 한스 폰 아헨의 그림과 네덜란드 태생의 아드리안드 브리에의 조각이다. 또한 롤란트 사베리R. Savery가 프라하 체류 중(1604~1612)에 그린 풍경화들은 보헤미아 숲의 아름다움에 대한 순수한 느낌을 담고 있다.

프라하 르네상스 건축

체코는 카렐황제 통치기간, 즉 고딕시대 말기에 인문주의 정책 채택으로 르네상스 기운이 감돌았다. 그러나 15세기의 불같은 후스주의 파동으로 르네상스가 꽃피지 못하고 16세기에 들어서야 본격적인 르네상스가 체코 문화 전반에 나타나기 시작하였다.

체코에서의 르네상스 문화는 문학·예술 부분보다는 건축에
서 상대적으로 더 발전하였다. 프라하 외에도 문화유적이 많은
지방도시인 텔츠Telc, 타보르Tábor, 크로메르지시Kroměříž, 체스
키 크루믈로프Český Krumlov 등에서 르네상스 건축들의 백미를
많이 볼 수 있는데, 타보르를 제외한 이 도시들은 모두 유네스
코 지정 세계문화유산 보호 도시이다. 르네상스 건축의 특성에
는 근대적인 개념이 들어가 있어 창문이 넓고 높으며, 살기 편
한 궁전 등 중세보다 훨씬 인간적인 미가 넘친다. 르네상스 건
축은 북이탈리아의 베네치아, 플로렌스 등지에서 본격적으로
시작되어 중부유럽으로 퍼졌다. 중부유럽에 있는 르네상스 스
타일의 크고 아름다운 광장은 체코 버드와이저의 고향인 체스
케 부제요비쩨의 오타카르 2세 광장과 폴란드의 고도 크라쿠
프의 구시가지 광장이다.

카렐 4세의 통치기간 동안 이탈리아의 르네상스 예술과의
장래성 있는 접촉들(그는 이탈리아 르네상스인의 전형이라 할 수
있는 페트라르카와 교류하였고 프라하대학에서 강연하도록 그를
초청하였다)은 후스전쟁에 의해 중단되었다. 체코의 후스전쟁
은 신교운동의 원동력이었으나 구교인 가톨릭과의 싸움에서
패배한 체코는 1620년에 독립을 빼앗겼고, 이웃의 폴란드나
헝가리처럼 르네상스 문학이 꽃피지 못했다. 러시아와 우크라
이나는 몽고족에게 2세기 반(13세기 중반에서 15세기까지) 동
안 지배당하여 유럽의 르네상스 문화를 접하지 못했다. 이때
부터 러시아 문화는 체코나 유럽 문화와 더욱 괴리되기 시

작하였다. 르네상스가 체코에 미친 영향은 루드빅 야겔론스
끼Ludvik Jagelonský의 통치기간인 15세기 말에서야 더 강하게
드러나기 시작했는데, 프라하성의 소위 루드빅 익면(Ludvikovo
křidlo)이 건축된 것이 그 예이다.

페르디난트Ferdinand 1세(1526~1564)는 많은 이탈리아 예술
인들과 장인들을 프라하로 불러들였다. 이탈리아 건축가들이
프라하의 유명한 르네상스 건축물인 벨베데르궁(안나 황후의
여름궁전)을 세운 것도 그의 통치기간 동안의 일이었다.

르네상스 양식의 전형: 즈그라피토

체코에서의 르네상스 단계는 a)초기 르네상스(15세기 말
~1530년대), b)르네상스의 절정기(1530년대~1570년대), c)후기
르네상스(16세기 말~17세기 초)로 나뉜다. 르네상스에서 바로
크 시대로의 전환기는 소위 매너리즘이 대표하고 있다.

르네상스 양식의 건축물로는 무엇보다도 궁전 등 세속적인
것들이 세워졌으며, 교회나 사원 같은 종교적 건축물은 고딕시
대에 비해 드물었다. 그러나 그 이후 바로크 시대와 복원 시기
에는 르네상스적 요소들이 종종 종교적 건축물에 적용되었다.

즈그라피토Sgrafito는 벽면 장식 기술이다. 벽면은 보통 두 개
의 회벽을 갖고 있는데, 바탕의 회벽은 진한 색이며, 그 위를
덮고 있는 겉회벽은 밝은 색이다. 겉 회벽을 긁어내면 바탕의
회벽 층이 그림을 형성하게 되는 즈그라피토(일반적으로 흑백
이 사용된다)는 기하학적인 무늬를 지니고 있다. 카렐다리 동쪽

끝 블타바 강변 모래톱에 자리한 스메타나박물관의 벽면이 즈그라피토의 전형이다. 이후에는 고대 신화나 성경의 장면들도 즈그라피토로 묘사되었다. 프라하 구시가지 광장에 위치한 구시청사 옆 건물의 그림이 있는 벽은 전형적인 르네상스식 벽으로 작가 카프카가 잠시 이곳에서 살았다고 한다. 그리고 프라하성 맞은편의 무기박물관과 슬라보니쩨Slavonice의 건물도 전형적인 르네상스 건축의 벽화를 보여주고 있다.

프라하의 르네상스 건축의 꽃: 벨베데르궁전

프라하의 독특한 르네상스 기념물인 벨베데르궁전은 체코의 전형적인 미를 자랑하고 있다. 이탈리아의 거대하고 웅장한 모습과 달리 섬세하고 안락하며 포근한 것이 정교함과 안정감을 주는데, 이는 북이탈리아와 중부유럽의 중심인 프라하의 지정학과 기후 등의 차이에서 유래한 것인지도 모른다. 체코의 건축은 그 풍토에 맞는 형태를 추구하였을 것이며, 이러한 현상은 장식적인 것을 강조하는 후기 르네상스 건축 양식으로의 변화로 나타났다. 이는 이후에 회화 등 조형예술에 매너리즘이 도래하는 것을 보여주는 징후이다.

바로크 건축의 보고 프라하

그 외에 프라하의 체코 정신을 보여주는 예술양식으로는 17세기 바로크 양식의 건축물이 있다. 말라 스트라나의 미쿨라시성당, 구시가지 광장의 미쿨라시성당과 카렐다리 위의 바로크 조각상 등이 주목할 만하다.

'불규칙하게 생긴 진주'라는 뜻의 포르투갈어인 바로코 barocco에서 명칭이 유래한 것이라 생각되는 바로크baroque 예술의 특징은 외형적, 내면적 불규칙성, 그리고 모순과 긴장을 담아내는 데 있다. 바로크 예술에서는 이 세상 삶의 허망함과 저세상 삶의 영원함이 대비되어 나타나고, 천상의 하느님을 향한 뜨거운 열정과 속세의 물질적 삶에 대한 집착이 모순적으로 대비되어 나타난다. 이처럼 삶과 죽음, 육체와 영혼, 아름다움과 추함, 육욕과 금욕이 이분법적으로 대비되는 모순의 불균형이 바로크 예술의 본질이다. 그러나 이러한 이분법도 종국적으로는 물질보다는 영혼을, 또 일시적인 삶보다는 영원한 삶을 추구하며 하느님의 세계와 그 영광을 찬미하고 노래하는 것으로 귀결되는데, 이는 너무나도 종교적인 바로크인들의 삶의 태도에서 기인한 것이다.

바로크는 휴머니즘과 르네상스의 균형에 대한 반동이자 불확실한 시대의 반영으로, 또 의기양양한 가톨릭 신앙의 표현으로 남부유럽에서 발생하였으며, 중부유럽에 다시 가톨릭을 부활시키겠다는 가톨릭 정치인들과 가톨릭 성직자들에 의해 빌라호라 전투를 전후로 체코 땅에 들어왔다. 바로크는 고딕과 더불어 체코 문화를 형성하는 두 축이 되어 파괴되지 않고 잘 보전되어 왔다. 바로크는 정신적인 면에서 기독교를 중심으로 한 고딕시대로의 향수를 반영하고 있다.

가톨릭은 강요에 의해 되돌아왔지만, 체코 땅에 뿌리를 내

리기 시작하여 국민 종교가 되었고, 일부 애국적인 가톨릭 성
직자들은 체코어와 체코 역사, 체코 문화를 유지하고 창달하였
다. 또한 남부유럽에서 올라온 바로크 문화가 체코 문화로 자
리잡으며 체코의 바로크 미술과 바로크 음악을 세계적인 수준
으로 끌어올렸고, 전성기를 맞은 체코 민속 예술과 민속 문학
도 꽃을 피웠다.

당시 체코의 바로크 건축과 조각에 대한 가장 큰 고객은 귀
족과 교회였다. 가장 전형적인 것은 체스키 크루믈로프의 바로
크궁전이었으며, 건축을 맡을 건축가와 조각가들은 빌라호라전
투 이후에 주로 이탈리아, 바바리아, 프랑스 등지로부터 들어왔
다. 루라고Lurago, 브로코프Brokoff, 디엔첸호퍼Dientzenhofer 등이
대표적인 예술인들이었다.

빌라호라 전투 이후 프라하에 세워진 가장 큰 교회건물은
제수이트대학인 클레멘티눔Klementinum학사(현재의 국립도서관)
의 복합건물인데, 이탈리아인 예술가 카를로루라고가 1653년
부터 건축에 참여하였다. 킬리안 이그나츠 디엔첸호퍼는 프라
하 구시가지 광장의 성 미쿨라시성당 등 많은 교회건물을 건
축하였다. 이그나츠는 독창적인 효과와 아치형 천장의 과감한
처리 등으로 생동감이 넘치는 건축물을 만들어냄으로써 체코
바로크 건축의 백미가 되었다.

체코 바로크 조각의 대가로는 브로코프와 브라운M. B. Braun
을 들 수 있다. 브로코프는 프라하 카렐다리 난간의 몇몇 조각
상들과 말라 스트라나에 있는 성 미쿨라시성당의 조각으로 명

성을 얻었는데, 그의 작품들은 내면적 긴장과 풍부한 몸짓들로 체코 바로크 조각의 진수를 보여준다. 브라운의 작품들로는 카렐다리 난간의 31개 조각상 중 가장 아름다운 것으로 꼽히고 있는 성 루이트가르다Sv. Luitgarda상과 쿠크스Kuks성의 일련의 조각품들, 그중에서도 특히 선과 악의 알레고리 조각상들과 죽음의 천사상들이 유명하다.

그 외에도 프라하는 18세기의 화려한 로코코(킨스키궁전), 19세기의 네오 르네상스(민족박물관과 민족극장), 19세기 말과 20세기 초의 아르 누보 양식(시민회관), 큐비즘 건축(검은 마리아 하우스), 그리고 현대의 포스트모던 스타일처럼 실험정신이 강한 예술적 건축 양식(춤추는 건물) 등 유럽 건축물의 박물관답게 다양한 양식의 건축물이 잘 보전되어 있다. 그리하여 프라하는 세계 건축학도의 메카일 뿐만 아니라, 도시의 아름다운 분위기를 즐기는 여행객들에 의해 끊임없이 찬양받고 있는 것이다.

프라하의 유대인지구는 당시 프랑크푸르트나 빈, 베를린의 유대인지구보다 역사가 더 오래되었다. 이 지구에서 가장 오래된 지역은 1142년 이후 비잔틴에서 온 가문에 의해 몇몇 목조 가옥과 구신 시나고그(구신 유대인 예배당)가 건축되었던 곳이다. 이 자리에 19세기 말 건축된 아름다운 무어 양식의 스페인 시나고그가 오늘날 재축조되었다. 이는 현재 유대인 예술박물관으로 사용되고 있으며, 유대인 관련 행사와 음악회도 정기적으로 개최된다. 독일에서 온 유대인들에 의해 세워진 구신 시나고그는 유대인지구의 중심이며 유럽에서 가장 오래된 시나고그이다. 박공지붕 모양을 한 둥근 고딕 양식의 이 건축물은 유대인 묘지와 함께 가장 유명한 중세 유대인의 유적이다. 이러한 유대인의 유적들은 전 세계의 유대인뿐만 아니라 옛 고

적에 관심 있는 관광객들로 인해 항상 붐빈다.

필자는 프라하 카렐대학의 철학부 바로 옆에 있는 유대인 유적을 자주 지나가는데, 고대에 가나안 땅에서 예수를 팔아먹은 죗값으로 유럽 대륙으로 추방된 후 프라하에 정착하여 그들만의 종교와 문화, 전통을 2천 년간 지키고 살아온 유대인의 민족성에 감탄하곤 한다. 전 세계의 예술계와 학계에 기여한 유대인의 공헌은 아무리 강조해도 지나치지 않을 정도로 위대하다 하겠다. 히틀러가 제2차 세계대전을 일으키고 폴란드의 아우슈비츠에서 한창 유대인들을 학살할 때, 이 지구상에 유대인이라는 종족이 살았다는 흔적을 남기기 위하여 중부유럽의 유대인 유물들을 프라하로 모으기 시작했다고 한다. 이러한 연유로 프라하의 유대인박물관에는 유대인 관련 유물들이 많이 보관되어 있어 세인들의 관심을 불러 모으고 있다.

프르제미슬 오타카르 2세의 통치기간(1253~1278) 동안 보헤미아의 유대인지구는 역사상 가장 평화롭고 지적인 창조의 순간을 맞이했다. 프라하의 유대인들은 이전 수세기 동안 불평등한 법 때문에 고통을 받았다. 기독교인들은 유대인 학살을 미끼로 시도 때도 없이 그들을 방화범으로 몰았고, 우물에 독약을 넣었다고 비난하며 죄를 뒤집어씌웠다.

민주주의 대통령 마사릭의 유대인 차별 금지

철학자 마사릭은 이미 1899~1900년대에 여러 논문을 통해 반유대인 분위기에 반대하며 동료 유대인 시민들을 변호했다.

제1차 체코슬로바키아 공화국 시대의 마사릭 대통령은 체코뿐만 아니라 당시 유럽을 통틀어 가장 이상적인 민주주의를 정치에 실제로 활용한 정치지도자로 유명하다. 그는 민주주의 이론이나 여성평등사상, 외국인에 대한 무차별 평등주의 등 아주 이상적인 민주주의 평등사상을 주장하고 실현하였다. 그리고 그는 페미니스트 입장에서 여성도 남성처럼 투표권 등의 모든 권리를 향유해야 한다고 주장하였고, 실제로 이를 정책에 반영하였다. 이는 당시의 분위기로는 매우 파격적이었다.

체코의 산업·문화 도시 브르노Brno에는 그의 이름을 딴 '마사릭 대학'이 있다. 마사릭은 제1차 세계대전 당시 파리에 망명정부를 만들어 조국의 독립에 중추적 역할을 하였을 뿐만 아니라, 유능한 군사지도자로서 러시아 서부전선의 레기온을 조직하였다. 또 이 정부는 유럽의 어떤 나라보다도 소수민족 문제를 더 잘 다루었으며, 하나씩 동요되고 변절되는 독재주의의 왕정이나 군국주의 국가들 사이에서 견실한 민주주의 정치를 폈다. 심지어 외국의 간섭이 중지되었을 때 독일인의 수데텐 문제(제2차 세계대전 전 수데텐에 거주하던 수백만의 독일인들이 전후에 모두 추방당한 일)도 원만히 해결했다. 마사릭 정부는 어느 누구도 배반하지 않았고, 그 국민들은 모든 자유로운 사람들에게 영원한 영감이 된 원칙과 용기를 유지하였다. 그리하여 체코슬로바키아는 '민주주의의 섬(The Island of Democracy)'이라 불리기 시작하였으며, 이는 마사릭 대통령의 참된 민주주의 정치를 상징하는 말이 되었다.

마사릭은 19세기 말경, 보헤미아의 남성들 중 여성의 권리를 지지한 탁월한 인물이었다. 한 학자는 그를 가리켜 "체코에서 오직 한 사람의 남성 지식인만이 거의 30여 년 간을 여성문제에 대해 걱정하며 열중하였다."고 말하였다. 마사릭은 분명하고 혁명적인 어투로 가정과 가족을 포함한 생활 전반에 걸쳐있는 여성들의 노예화에 반대하는 입장을 확실히 밝혔다. 그는 연설과 기사, 그리고 정기간행물 『우리 시대*Naše doba*』를 통해 여성의 불평등에 관한 잘못된 인식에 관심을 기울였고, 사회생활에 있어 여성의 지위에 대한 불공평한 제한을 비판하였다. 그는 또한 동시대 여성운동의 대부분의 주장을 지지하였고, 미래의 여권운동이 제시할 많은 요구들을 예상하여 전 범위에 걸친 여성의 절대적 평등을 주장하였다. 예를 들면, 가족생활에 있어서 남성과 여성의 동등한 책임, 교육과 직업에 대한 남녀의 동등한 참여, 똑같은 일에 대한 남녀의 동일한 급료, 여성의 참정권, 그리고 공적인 업무에 있어서 여성들의 전면적인 참가 등이다.

또한 마사릭은 매춘이나 일부다처제 등 한 남자가 한 명의 아내 이상의 여러 여성들과 성적인 관계를 갖는 것을 비난하였다. 그는 여성의 품격을 비하하고 사랑과 결혼을 왜곡시킨다고 느꼈던 당시의 사회주의 이론과 공식적인 가톨릭 교조주의에 의해 해석된 사랑을 바탕으로 널리 퍼져 있던 성에 대한 견해에 철저하게 비판적이었다. 그리고 그는 현대문학에 표현된 성적인 방종을 조장하는 사상을 비난하였다. 동시대 체코의 활동적인 진보주의 정치가인 알로이스 하인Alois Hajn은 훗날 그를 "여성문제에 관한 인식의 선구자"로 묘사하였고, 이 말은 당시 체코의 젊은이들 사이에서 "참된 혁명"이라는 말을 만들어냈다. 이렇듯 마사릭의 유대인을 비롯한 인종차별 정책 폐지는 다른 여러 나라의 본보기가 되었다.

프라하 - 인조인간 골렘의 전설과 로봇 이야기

프라하의 유대인 랍비 뢰브Löw는 학자이자 작가이며 16세기 말 토라Torah(유대교 율법)를 연구하는 탈무드학교의 교장이었다. 그는 신비한 능력과 기술을 가지고 있었는데, 진흙으로 골렘Golem이라는 인조인간을 창조하고 그의 입 안에 돌로 된 마술 알약을 넣어 생명을 주었다고 한다. 그러나 골렘이 점차 난폭해지자 랍비 뢰브는 알약을 꺼내버렸고, 그 이후로 이 인조인간을 신구 유대인 교회당 천정의 서까래 밑 고미다락에 숨겼다고 한다. 골렘 전설은 체코와 폴란드를 비롯하여 유대인들이 사는 곳이라면 어디에나 있는 인조인간 이야기이다. 유럽에 프랑켄슈타인의 이야기가 있듯이, 체코의 작가 차페크는 로봇이란 단어를 창안하여 이러한 인조인간을 주인공으로 하는 공상과학 희곡을 썼다.

실제로 제2차 세계대전 당시 유대인들의 골렘 전설에 혹한 어린 독일 병사들이 시나고그 서까래 밑에서 골렘을 꺼내려다가 시체로 발견되어 이곳은 동료 병사들에게 신성한 곳으로 알려졌고, 그 후에는 나치도 이곳을 감히 탐하지 않았다고 한다. 이처럼 전설과 사실이 어우러지는 프라하의 이야기는 어디를 가나 끝이 없다.

랍비 뢰브의 묘비는 프라하시 한가운데에 있는 구유대인 공동묘지에 자리하고 있다. 당시 유대인들의 묘지는 초라하지만, 뢰브의 묘지 앞에는 그를 기리고 존경하는 사람들이 언제나 꽃다발과 자갈을 놓고 소원을 빈다. 이 묘비의 주인공들은 영화 「쉰들러 리스트」에서처럼 아우슈비츠의 수용소로 끌려간 유대인들보다는 운명이 나은 사람들이다. 이 묘지에는 뢰브 외에도 다비드 간스의 묘비와 가장 아름다운 예술적 묘비 헨델 라바세비의 묘비가 세월의 풍상을 이겨내며 유대인의 애환을 말해주고 있다. 이곳에는 신로마네스크 양식의 장례식장도 있으며, 프라하에서 두 번째로 오래된 유대계 건물인 핀카스 유대 교회당이 있다. 이는 유럽에서 가장 오래되고 가장 큰 규모의 유대인 유적이라 전 세계 유대인의 메카로 언제나 붐빈다. 프라하에 와서 이 특이한 유대인지구를 관광한다면 역사적 교훈을 많이 느낄 수 있을 것이다.

유대인 시나고그의 역사적 중요성

핀카스 유대 시나고그는 1479년에 랍비 핀카스에 의해 건립되기 시작하였고, 그의 조카 호로비츠A. M. Horowitz에 의해 증축된 후 세월이 흐르며 증축을 거듭하여 오늘날의 모습이 되었다.

유대인지구에서 가장 역사적 가치가 있는 건물은 신구 유대

유대인 시나고그

시나고그이다. 1270년경에 세워진 이 교회당은 유럽에서 가장 오래된 시나고그로서 프라하 초기 고딕 양식의 연구에 있어 귀중한 자료가 된다. 이 시나고그에는 여러 가지 전설이 많으며, 여러 화재와 유대인 게토 지구 일제정리 작업, 숱한 유대인 학살 사건 등을 거치면서도 거의 손상되지 않고 초기 고딕 양식의 모습을 간직하고 있다.

유대인 시나고그는 유대인들이 우물에 독약을 넣었다는 누명을 쓰는 등 온갖 차별과 수난을 당할 때 성스러운 피난처로 큰 역할을 하였고, 유일신을 믿는 유대인들의 신성한 시나고그로서 긴 세월을 버티고 세계 유대인들의 메카 중 하나로 자리 잡았다.

이 외에도 1694년에 완공된 클라우센 유대 시나고그에는 헤브르의 귀중한 인쇄물과 원고 등이 소장되어 있고, 제2차 세계대전 당시 테레진에서 희생당한 유대인 어린이들의 그림이 상설 전시되어 있다. 이 그림들은 필자가 1991년에 폴란드 아우슈비츠 수용소에서 본 유대인들의 그림과 일맥상통하는 경향이 있어 애처로운 마음이 든다. 죽음을 기다리는 사람들의 애환이 그림 속에 표현되어 있는 것이다. 고 유대 시나고그(Vysoka Synagoga)에는 화려한 자수가 놓인 토라 덮개와 휘장 등 종교의식에 사용되는 직물들이 전시되어 있다.

화려한 스페인식 시나고그와 유대인 공회당

이 지역에서 가장 화려한 유대인 관련 건물은 유대인 시 공회당과 스페인 유대인 시나고그(Spanelska synagoga)이다. 이 자리에는 본래 비잔틴에서 건너온 유대인들이 세운 최초의 학교 겸 시나고그인 구 학교(Stara skola)가 있었으나 지금은 흔적이 없다. 현재 건물은 19세기 후반에 부유한 유대인들이 지었으며, 외부와 내부가 모두 무어 양식으로 지어진 것이 특징이다. 벽과 천장은 화려한 치장 벽토로 장식되어 있어 스페인의 알함브라를 연상케 하는데, 스페인 시나고그란 이름도 여기에서 유래하였다. 현재는 유대인 직물박물관 등으로 사용되고 있으며, 홀에서는 화음이 잘 이루어져 음악회가 자주 개최된다.

고대 히브리식 시계, 즉 반대방향으로 가는 시계가 달린 유대인 공회당은 바로크식 유대인 건축물로서 1570년에 건축되기 시작했으나, 1763년에 화려한 바로크 양식으로 증축되었다. 유대인지구에서 가장 화려한, 프라하의 상징인 바로크 뾰족탑이 보는 이들의 찬탄을 자아낸다. 이것이 바로 건축 예술의 백미이다. 늦은 저녁에 이 지역을 지나가는 마차의 말발굽 소리는 웅장한 건축물 사이로 쏟아지는 빛과 조화를 이루어 환상적인 분위기를 자아낸다. 여유가 있으면 마차를 타고 중세로 세월을 거슬러 올라가 옛 분위기를 만끽해 보자. 체코 출신 영화감독 밀로스 포만이 프라하에서 대부분을 촬영한 영화「아마데우스」를 연상하며…….

16세기의 유대인들은 황제의 변덕 때문에 수치의 표시로 노란 원을 달고 다녀야 했다. 가톨릭교도들은 유대인들에게 온갖 누명을 씌워 탄압했는데, 불이 나면 유대인들의 짓이라고 하였고 공동 우물에 독을 넣는 것을 봤다며 죄를 뒤집어씌우기도 했다. 19세기에 농민들이 우상으로 여겼던 개혁 군주 요제프 2세 시대에는 유대인들에 대한 차별 정책이 차츰 완화되기 시작했으며, 이 지구를 요제포프Josefov라고 불렀다. 그러나 1890년대에는 위생상의 이유로 이 게토 지역의 유대인들을 철수시키기도 하였는데, 신구 유대 시나고그나 유대인 시공회당과 묘지 등은 남겨두어 오늘날의 모습을 유지하고 있다. 제1차 세계대전이 끝나고 오스트리아-헝가리 제국으로부터 독립한 체코슬로바키아 공화국의 초대 대통령 마사릭은 유대인에 대한 인종차별정책을 철저하게 폐지하고 이들을 옹호하였다

인조인간 골렘에서 로봇까지

1921년에 체코의 희곡작가 카렐 차페크의 작품인「로숨의 유니버설 로봇Rossum's Universal Robots」은 1921년에 프라하에서 초연된 후 곧 유럽 및 세계무대에서 선풍적인 인기를 끌었다. 1930년대 소련의 한 연출가는 이를 영화화하였는데, 거대한

노동자 로봇들이 관리자인 인간을 지배하는 모습이 프롤레타리아 혁명을 연상시킨다. 인간이 만든 기계인간이 그 창조자인 인간을 지배하는 분위기는 기계문명의 가공할 만한 위험을 경고하기도 한다.

오늘날은 선진국이 앞 다투어 지능로봇의 개발에 나서는 시대이다. 이러한 사실에 비추어 볼 때, 1920년대 당시에 차페크가 가졌던 지능로봇의 개념은 가히 혁명적 아이디어라고 할 수 있다. 인간보다 두 배 이상 열심히 일하는 기계를 작품에 등장시킨 차페크는 이 작품으로 세계적인 명성을 얻게 된다. 그리고 이로 인해 '로봇robot'이 전 세계에서 보통명사로 사용되기에 이르렀다. 로봇의 어원이 된 robota는 체코어로 중노동, 부역노동이라는 뜻이다. 이러한 로봇 이야기나 골렘 이야기는 프라하나 유럽에서는 오래 전부터 내려온 인조인간의 예술적 표현이라 하겠다.

유대인들이 제2차 세계대전 동안 연합국에 공헌한 대가로 전후 예루살렘 지역에 살던 팔레스타인들을 강제 추방하고 이스라엘 국가를 건설하여, 중동 지역에 민족 및 종교 갈등으로 인한 분쟁이 계속되고 희생자가 계속 발생하는 것은 안타깝기 그지없다. 그러나 오늘날 전 세계의 지성이나 예술계에 끼친 유대인들의 공헌은 아무리 강조해도 지나침이 없다. 이처럼 예나 지금이나 유대인들은 인류역사에서 이율배반적인 역할을 할 수 밖에 없다니 역사의 모순이다.

음악과 맥주를 즐기는 체코인들

강요된 망명자, 프라하의 엔지니어

체코슬로바키아에서는 1948년부터 1989년까지 공산주의 통치하에 많은 지식인들이 탄압을 받았다. 1968년에 지식인들은 '프라하의 봄'이라 일컫는 '인간의 얼굴을 한 사회주의' 운동으로 자유화를 추구했지만, 모스크바에서 프라하로 공수해 온 소련 탱크의 개입으로 좌절되었다. 1970년대에는 '소위 브레즈네프의 충견'으로 비유되는 후삭 정권하에 '정치적인 정상화'라는 명목으로 많은 지식인들이 수난을 당하였다. 수십만의 지식인들은 직장에서 쫓겨나 막노동으로 생계를 이어가거나 강제로 출국당했다. 강요된 망명에 의한 부조리한 상황을 작가 슈크보레쯔키는 다음과 같이 묘사하고 있다.

런던의 학술 토론에 초청되었던 프라하의 한 엔지니어가 있었다. 그는 프라하에 돌아와 자신의 사무실에서 당 기관지 「루데 프라보」에 난 기사를 읽고 자기 눈을 의심하지 않을 수 없었다. 그 기사에는 한 체코 엔지니어가(바로 자기 자신이) 서방신문을 상대로 체코사회당을 비방하는 성명을 발표하고 서방세계에 망명하기로 했다고 써 있었다. 여비서는 공포에 사로잡혀 엔지니어에게 "당신은 돌아오지 말았어야 했다."고 말한다.

그는 무엇을 할 수 있을 것인가? 그는 공산당 기관지 편집장을 찾아 항의했으나 속수무책이라는 답변만 들을 뿐이었다. 그 기사는 내무부로부터 전달된 것이라고 하여 다시 내무부로 가서 항의했으나 거기에서는 아무 조치도 취할 수 없다고 하고, 내무부에서는 런던 주재 정보원의 보고서에서 그 정보를 얻었다 한다. 그는 정정기사를 요구했으나 물론 받아들여지지 않았고, 사람들은 그에게 가만히 지내면 아무 일도 없을 것이라고 설득했지만 그는 불안 때문에 초조해 하지 않을 수 없었다. 그리고 그는 곧 자신이 미행당하고 도청당하고 있다는 것을 눈치 챘다. 그는 결국 불법적으로 망명을 시도하여 진짜 망명자가 되어버렸다.

보이지 않는 미로의 성격을 가지고 있는 권력과 마주하고 있는 이 엔지니어의 상황은 공산주의 시대에 사미즈다트(지하문학)를 내던 많은 지식인들이 처한 상황이었다. 부조리한 상황에 빠진 많은 지식인들은 실제로 조국을 등지고 망명길에

올랐다. 이러한 지식인들의 망명은 공산주의 시대의 부조리한 삶을 보여주는 한 단면이다.

프라하 - 맥주의 도시, 선술집 이야기

음악과 맥주를 빼놓고는 프라하를 이야기할 수 없을 것이다. "체코인이면 음악인이다."라는 속담이 있듯이 프라하 하면 향기 좋은 맥주와 음악의 도시가 연상된다.

우리 선조들도 맥주를 마셨고, 우리 아들들도 맥주를 마시며, 아들의 아들도 맥주를 마실 것이다. (중략) 죽을 때까지 마시고, 노래하자. 맥주를 마시고 죽는 자나 안 마시고 죽는 자나 죽기는 매한가지이다.
　　　　　　　　　　- 선술집 우 플레쿠U Flekü의 벽서 중에서

맥주가 있는 곳엔
인생이 즐겁다.
맥주를 마시는 곳에서는
삶이 윤택하다.
　　　　　　　　　　- 체코 선술집 벽서 중에서

체코인들은 맥주 몇 잔으로 저녁 식사를 대신할 때가 많다. 그래서 "저녁을 마신다."라고 말하기도 한다. 1인당 맥주 소비량 세계 1위(하루 500cc 한 잔), 최초의 맥주 양조법에 관한 기

체코의 선술집

록 보유, 세계 최초의 플젠 맥주박물관 개관, 세계 최초의 라거 Larger식, 즉 플젠 맥주(Plzenské Pivo) 생산, 맥주공장 종업원이 대통령이 된(하벨 대통령) 나라 등은 맥주의 천국으로 불리는 체코를 수식하는 말들이다. 영원한 보헤미안의 안식처이며 중세문화의 보고인 프라하를 중심으로 전국에 흩어져 있는 수많은 맥주 양조장과 선술집에서는 누구든지 환영받으며, 누구든지 마음껏 마실 수 있는 세계 최고 품질의 맥주가 기다리고 있다. 왁자지껄하고 담배연기 자욱한 선술집에서는 남녀노소, 인종, 종교적인 차이도 금방 허물어진다. 맥주 한 잔만 있으면 누구나 친구가 될 수 있고, 누구나 이야기에 참여할 수 있다. 프라하 체코인들의 이방인에 대한 배타적인 감정도 선술집에서는 맥주 거품과 함께 순식간에 녹아버린다.

알코올 농도 약 4~5°에 호프나 곡물의 양이 10~12% 정도 되는 체코 맥주는 마시는 사람의 취향에 따라 다르지만 비교적 값이 싼 흑맥주나 감브리누스Gambrinus, 스타로프라멘이 대중적으로 인기가 있다. 체코뿐 아니라 세계 최고의 품질로 평가받고 있는 플젠 맥주는 역시 언제 마셔도 그 향긋한 맛이 좋다. 흔히 미국 맥주로 알려진 버드와이저Budweiser라는 이름은 체코 남부 지역의 맥주 도시인 체스케 부제요비쩨České Budějo-vice에서 따온 것이다. 미국 화학주인 버드와이저와 달리 체코 버드와이저는 질 좋은 호프 덕분에 은은한 맛을 지니고 있어 젊은이들이 선호한다.

체코는 맥주의 고향답게 버드와이저 이외에도 지방마다 독특하고 질 좋은 맥주가 많이 있는 맥주의 천국이다. 체코에서 두 번째로 큰 도시인 브르노의 스타로브르노 맥주는 2005년도 최고 맥주상을 받았다. 이 맥주는 르네상스 시대에 루돌프 2세 황제가 독점하여 마시던 것으로 질이나 맛에서 타의 추종을 불허한다. 체코를 방문하게 되면 플젠의 맥주박물관이나 플젠 맥주공장, 체스케 부제요비쩨의 맥주공장 또는 체스키 크루믈로프의 고급 맥주 에겐부르크의 맥주공장, 맥주의 황제 크루쇼비쩨 맥주양조장 투어를 적극 권하고 싶다.

체코에서는 이미 10세기경부터 맥주를 제조하여 마시기 시작했으므로 그 유래가 매우 깊다고 할 수 있다. 체코의 맥주는 대표적인 맥주 생산국인 독일에 비교해도 손색이 없을 만큼 맥주의 종류와 품질에 있어서 세계 최고를 자랑한다. 따라서 맥주를 마시기 위해 프라하나 플젠으로 몰려드는 독일인들의 심정을 알 수 있을 것 같다. 또한 체코는 플젠의 최초의 필스너가 탄생한 국가로서 맥주의 기본을 제시하고 있다고 할 수 있는데, 필스너를 위시하여 감브리누스, 버드와이저(부드바르 Budvar라고도 한다), 호도바르Chodovar 등은 3개월 이상의 자연발효공법을 통하여 맥주 본래의 맛을 유지하고 있다. 필자가 버드와이저공장 견학 시 보았던, 280일 동안 자연 발효시키는 맥주는 최고급맥주이다.

옛날부터 체코에서는 술집에서 '마시는 빵'으로 저녁을 대신하는 일이 자주 있어왔다. 끈적끈적한 거품과 혀끝에 감도는 호프 맛이 일품인 생맥주를 체코인들은 '흐르는 빵(tekutý chléb)'이라 표현하기도 한다. 이처럼 맥주는 체코인들에게 유쾌한 삶의 동반자이다. 일찍이 셰익스피어는 "맥주 한 잔과 목숨의 보증만이라도 손에 넣을 수 있다면 명예 같은 것은 버려도 상관없다."고 했다. 독일의 대문호 괴테 역시 "책은 쓰레기더미에 불과할 뿐, 맥주만이 우리를 즐겁게 한다."고 일갈했다.

체코인들의 맥주 문화를 이해하면 체코인들의 관습을 이해할 수 있다. 보통 필스Phils라고 하는 쌉쓰름하고 마신 후 향이 독특한 호프 맛이 혀끝을 자극하는 필즈너 우르켈Pilsner Urquell은 체코 맥주의 도시 플젠산으로서 품질과 향에 있어 세계 제일을 자랑한다. 플젠 맥주(필스 맥주)는 체코 플젠지방에서 생산되는 호프를 원료로 한 황금빛의 맥주로, 연수를 사용하며 맥아향기가 약한 대표적인 담색 맥주이다. 물론 여성들이 선호하는 호프와 맥아, 보리를 볶아서 만든 흑맥주도 유명하다. 필자는 이 흑맥주와 담색 맥주를 반씩 섞어서 만든 '췌잔에(칼로 자른)' 맥주를 선호하는데, 이렇게 마시면 맥주의 다양한 맛을 즐길 수 있다.

약으로 쓰이는 체코 맥주

맥주의 황제 크루쇼비쩨를 만들어 즐겼던, 과거 오스트리아 제국의 루돌프 2세의 주치의와 페르디난트 2세의 주치의는 맥주가 강장음료이자 피부병에 효과가 있으며 해독작용을 한다고 기록했고 실제로 자주 처방했다고 한다. 이러한 맥주의 효능이 모두 사실인지는 확실하지 않지만, 맥주에는 복합비타민 B가 풍부하여 음식으로서의 가치가 있는 것만은 분명하다. 체코에는 맥주 외에도 한약주처럼 소화에 좋다는 베헤로프카가 있다. 위장에 좋다는 베헤로프카는 위장병 때문에 술을 못 마시는 사람들에게는 대환영이다. 또한 체코는 슬리보비쩨라는 자두나 소나무 열매를 포함한 각종 과일로 만든 브랜디 등 과일주의 천국이다. 압생트Absynthe는 체코가 생산하는 가장 높은 도수(70°)의 알코올을 식전에 한 잔 마시면 만사가 즐겁다고 하였다.

체코는 이뿐만 아니라 보헤미아 지방과 모라비아 지방에서 나는 수백 종의 질 좋은 포도주를 수출하고 있다. 체코에 가면 모라비아와인 지하 저장고를 한번 방문하여 여러 포도주를 맛보는 기회를 갖는 것도 여행의 잊을 수 없는 추억거리가 될 것이다. 신토불이라는 말대로 체코에서 반주로는 체코산 포도주가 최고이다. 체코 여성들은 포도주를 선호하며 남성들은 맥주를 선호한다. 체코 가정에 초대받거나 방문할 때 질 좋은 체코 포도주 한 병이면 대환영이다. 여성을 찾아갈 때에도 꽃다발 다음으로 인기 있는 것이 포도주이다. 물론 체코산 약주 베헤로프카는 더 환영받지만……

체코는 요리의 천국으로서, 전통음식으로는 양배추를 익힌 후 으깨어 만든 젤리(샤우어크라우트), 밀가루나 감자가루 또는 식빵을 만두 모양으로 빚은 크네들리키(덤플링), 돼지고기를 밀가루 반죽에 튀긴 후 겨자 소스에 찍어먹는 돈가스(베프르조비 지르젝), 똑같은 방식으로 치즈를 요리한 치즈튀김(스메제니 시르), 우리나라의 감자 부침개와 비슷한 감자전(브람보락), 스메타나 소스와 레몬 한 조각을 곁들인 연한 소고기 등심 요리(스비츠코바 나 스메타네)와 체코 굴라시 등이 있다. 체코 음식은 기름기가 좀 많은 편이나, 보통은 점심과 저녁 식사에 맥주를 곁들여 먹으므로 쉽게 소화된다.

'프라하의 봄'의 두 가지 의미

무척이나 낭만적으로 들리는 '프라하의 봄'에는 두 가지 의미가 있다. 하나는 '프라하의 봄'이라 불리는 프라하 5월 국제 음악축제를 일컫는 것이다. 다른 하나는 1968년에 '인간의 얼굴을 한 사회주의 운동'이 무르익어갈 때, 소련을 중심으로 한 바르샤바조약 군대의 탱크가 이 사회주의 운동을 탄압하여 실

패해버린 체코슬로바기아의 정치적 자유화 운동을 말하기도
한다.

'프라하의 봄' 음악축제

'프라하의 봄'이라 불리는 프라하 5월 음악축제는 1946년
체코 필하모니 창단 50주년에 맞추어 당시 상임 지휘자였던
라파엘 쿠벨릭Rafael Kubelik에 의해 시작된 이래, 체코슬로바키
아(1993년부터는 체코)의 수많은 문화행사 중에서 가장 규모가
크고 핵심적인 축제로 자리 잡았다. 그동안 프라하의 봄 음악
축제는 1968년이나 1989년의 정치적 격동 속에서도 계속 개
최되어 체코인뿐만 아닌 전 세계인들의 사랑을 받아왔다. 전통
적으로 '프라하의 봄' 음악축제는 체코가 낳은 위대한 민족 음
악가 스메타나Bedrich Smetana(1824~1884)의 서거일인 5월 12일,
그의 교향시「나의 조국」을 공연하는 것으로 시작된다. 6월
초까지 진행되는 축제 기간 동안 음악 애호가들은 교향곡, 실
내악 연주 등 다양한 콘서트와 오페라 등을 선택하여 감상할
수 있다.

프라하의 음악축제 기간 동안에는 전 세계의 많은 음악 애
호가들이 프라하로 몰려와 모든 연주회 티켓은 매진된다. 따라
서 이 축제에서 개최되는 음악회에 직접 가 보기 위해서는 2월
말부터 시작되는 예약기간을 놓치지 말아야 한다. 물론 프라하
에 갈 수 없거나 표를 구할 수 없는 음악 애호가들을 위해 체
코 라디오와 텔레비전은 거의 모든 중요한 연주회를 녹화 방

영한다. 이 음악축제를 기점으로 프라하에서는 연중 쉬지 않고 다양한 연주회와 문화행사가 이어진다.

'프라하의 봄' 음악축제의 시작을 알리는 곡은 스메타나의 「나의 조국」이며, 그 끝을 알리는 음악은 베토벤의 「교향곡 9번 합창」이다.

음악의 나라 체코

스메타나를 이야기할 때 빼놓을 수 없는 곡이 바로 6곡으로 이루어진 교향시 「나의 조국」이다. 「나의 조국」은 체코 민족의 전설 등을 풍부하게 사용하여 격정적이면서도 웅장한 민족의식이 담겨 있는 곡으로서, 듣는 이의 가슴에 조국에 대한 사랑과 자긍심을 심어준다. 그것은 비단 체코인만의 느낌은 아닐 것이다. 일제 강점기에 안익태 선생이 이 곡을 지휘할 때 눈물을 흘리며 조국의 독립을 갈망했다는 일화는 유명하다. 지난 2002년 북한의 조선국립교향악단과 우리나라의 KBS교향악단이 협연하는 자리에서도 남북화해와 협력의 물꼬를 틔우자는 뜻에서 작은 물줄기가 큰 강을 이루는 풍경을 묘사한 '블타바'가 연주되었다. 그만큼 「나의 조국」은 '민족의 자유'라는 보편적인 정서를 건드린다. 프라하는 매년 스메타나 서거일을 기념하여 5월 12일 '프라하 봄' 국제 음악축제 개막일에 '시민회관' 스메타나홀에서 「나의 조국」을 연주함으로써 그에 대한 전 국민적인 사랑을 표현하고 있다. 필자도 2001년 봄 이곳에서 가족과 함께 이런 분위기를 체험하였는데, 매우 감격적인 순간이었다.

스메타나가 「나의 조국」을 작곡하기 시작한 것은 50세 무렵인 1874년이었다. 그러나 이때부터 그의 귀에 이상이 생겨 제1곡인 '비셰흐라트'에 이어 제2곡인 '블타바'의 작곡에 착수했을 무렵에는 교향곡 9번을 작곡할 당시의 베토벤처럼 완전히 귀가 들리지 않는 상태가 되었다. 그러나 그는 불굴의 의지로 작곡을 계속해 55세에 제6곡까지 전곡을 완성하였다.

제1곡 '비셰흐라트'는 프라하 블타바강 상류를 내려다볼 수 있는 높은 언덕 위 고성의 성터를 배경으로 민족의 전설을 회상하는 곡이다.

"체코인이면 음악인이다."

이 체코 속담은 '체코인이라면 누구나 노래를 잘하고 악기를 연주하며 인생을 즐긴다'는 뜻으로, 실제로 옛날에는 거의 모든 체코인들이 노래 부르기를 즐기고 악기를 다룰 줄 알았다고 한다. 지금도 프라하는 음악의 고향이자 음악의 나라답게 그러한 전통을 이어오고 있다. 모차르트의 고향 잘츠부르크보다 모차르트의 음악과 오페라가 더 자주 공연되는 곳이 바로 프라하이다.

프라하는 변두리나 시골 작은 도시에서도 연중 각종 음악회가 열리고, 악사들과 성악가들이 무척이나 존중받고 있는 도시이다. 그리고 프라하에서는 교향악 등 큰 음악회가 아름다운 콘서트홀에서 공연되는 것을 비롯하여 로마네스크 성당, 고딕 성당, 바로크 성당, 작은 교회, 크고 작은 궁전, 박물관 계단, 야외 정원 등 음향이 좋은 곳이라면 어느 곳에서나 매일같이 30여 곳에서 음악회가 열린다. 세계에서 매일 가장 많은 음악회가 열리는 도시가 프라하이며, 국립묘지에 묻혀 있는 에바데스티노바라는 전설적인 소프라노를 비롯하여 스메타나, 드보르작 등의 묘비에는 매일 꽃다발이 놓인다. 오늘날 한국에 일고 있는 음악 붐처럼, 체코 역사에는 늘 음악에 대한 국민들의 대단한 열정이 묻어난다. 과연 "체코인이면 음악인이다."라는 속담이 실감난다.

2004년 여름에 필자는 2002년의 프라하 8월 대홍수 이후 새로 정비한 스메타나박물관과 드보르작박물관을 찾았다. 당시 프라하와 체코 지방도시에서는 드보르작 서거 100주년을 맞이하여 그를 기리는 음악회를 개최하고 있었다.

스메타나박물관은 원래 블타바 강변의 다리 입구 모래톱에 있던 신르네상스 양식의 수도 시설이었다. 앞 벽면이 즈그라피토 기법으로 장식된 이 박물관에는 스메타나의 생애와 작품세계를 설명해 주는 문서, 편지, 악보, 악기, 저서 등이 전시되어 있다.

체코 국민들이 가장 좋아하는 스메타나의 유명한 3막 오페라「팔려간 신부Prodana nevesta」는 체코 내에서 가장 자주 공연되는 오페라 중 하나이다. 원래 대본은 19세기의 유명한 작가 카렐 사비나K. Sabina의 것으로 보헤미아 농촌을 배경으로 하고 있다. 1866년 5월 30일에 프라하에서 초연된 이 오페라는 현재 체코를 대표할 만한 오페라로서 보헤미아풍의 유머가 풍부하며 민족정신에 기반을 둔 훌륭한 희가극이다. 1859년 이탈리아에 패배한 오스트리아가 체코 국민에 대한 탄압을 어느 정도 완화하자, 이에 원기를 회복한 국민들은 재빨리 프라하에 민족 가극장을 설립하였다. 그리고 스메타나는 그 당시 국민의 열망에 의해 8곡의 애국적인 오페라를 작곡하였는데, 그중 가장 걸작이 이 작품이다.

이 곡은 밝고 민요적인 멜로디를 특징으로 발랄한 율동에 차 있으며, 향토색이 잘 표현되어 있다. 오페라의 도시 프라하에서는 매년 이 작품을 공연하는데, 프라하 민족극장에서는 영어자막을 넣은 이 오페라를 자주 공연하니 한 번 즐길 만하다.

한국인들이 가장 사랑하는 드보르작

필자는 드보르작의 교향곡 9번 「신세계」를 무척 좋아하여 그의 고향인 체코 프라하 교외 넬라호제베스Nelahozaves에 있는 드보르작박물관을 비롯, 프라하의 드보르작박물관(디젠호프의 '빌라 아메리카') 등지를 몇 번이나 다녀왔다. 드보르작의 고향 넬라호제베스는 프라하에서 북쪽으로 약 30km 떨어져 있는 블타바 강가에 있다. 이곳의 드보르작박물관은 원래 백정인 드보르작의 아버지가 경영하던 정육점 겸 술집이었으나, 1987년에 드보르작의 동상을 건립하면서 박물관으로 개조하였다.

넬라호제베스의 성 안드레이교회에는 드보르작이 세례 받을 때 사용된 세례반盤이 있을 뿐 아니라, 유럽의 위대한 화가

렘브란트와 반다이크 등의 훌륭한 그림이 있는 역사적인 박물관이 있어 유럽인 방문객들의 발길이 끊이지 않는다.

물론 프라하에는 드보르작을 기념하는 아름다운 음악당 루돌피눔Rudolfinum이 있으며, 여기에는 드보르작홀이 있다. 이 홀에서 드보르작은 1896년 첫 오케스트라를 지휘하였다. 또 즐로니쩨Zlonice에도 그의 기념관이 있는데, 이 곳은 원래 병원이었다가 오르간 연주자의 집이 되기도 하였다. 이곳에서 드보르작은 안토닌 리함A. Liehmann과 함께 본격적인 음악 공부를 시작하였고, 첫 교향곡인 「즐로니쩨의 종」과 오페라 「야코빈Jakobín」을 작곡하였다.

비소카 우 프르지브라미Vysoká u Příbrami는 드보르작이 주로 음악적 영감을 얻기 위해 자주 머물렀던 한적한 시골이다. 이곳에는 그의 처남인 바쯜라프 코우니쯔 백작이 살던 17세기 네오 르네상스 양식의 대저택이 있다. 그리고 넓은 숲 속에는 '루살카의 연못'이 있는데, 드보르작이 오페라 「루살카」를 작곡할 때 영감을 받은 곳이라 한다.

이러한 기념관들은 모두 드보르작의 생애와 작품 등에 대한 다양한 전시품을 전시하고 있다. 또 이곳에서는 자주 작은 음악회가 열리는데, 박물관의 작은 홀에서 개최되는 작은 음악회는 그의 음악에 쉽게 접근하여 즐길 수 있게 해준다. 작곡가들이 곡을 쓴 후 친구를 불러 놓고 연주하던 음악의 산실에서, 작가나 시인은 작품을 써서 카페나 살롱에서 낭송하며 친구의 평가를 받았다.

향수에 젖게 하는 「신세계」의 선율

드보르작이 "내가 새 교향곡에서 만들어내기 위해 노력한 것은 흑인과 인디언 선율의 정신이다. 나는 그 선율의 어떤 것도 이용하지 않았다. 나는 내 음악의 주제에 인디언 음악의 고유성을 각인시키면서 단순히 특징적인 것만을 썼다."라고 말한 「신세계」는 세계인들이 가장 즐겨 듣는 곡의 하나이다. 그 외 드보르작의 주요작품으로는 오페라 「루살카」외 교향곡 9편, 교향시 5편, 교향서곡 5편, 바이올린협주곡과 첼로협주곡 각 1편, 현악4중주곡 8편, 피아노3중주곡 3편 등 언제 들어도 기분 좋은 곡들이 있다. 드보르작의 '그리운 내 고향'은 「신세계」의 제2악장 중에서 스테판 포스터가 편곡한 것으로 고향에 대한 그리움을 그리고 있다. 프라하에 살던 2000~2001년에 필자는 '루살카 연못'을 상기시키는 연못이 있는 쿤라트츠키 공원 숲 속에서 산보할 때 아내가 불러주던 이 노래를 들으며 고향을 그리워했다.

꿈속에 그려야 하는 그리운 고향
옛 터전 그대로 향기도 좋아
지금은 사라진 동무들 모여
옥 같은 시냇물 개천을 넘어
반딧불 쫓아서 즐기었건만
꿈속에 그려야 하는 그리운 고향
그리운 고향

누구든지 프라하를 방문하는 사람은 드보르작의 박물관을 한번쯤 찾아간다. 프라하 드보르작박물관은 I.P. 파블로바 지하철역에서 5분 거리에 있는데, 1932년에 '아메리카 빌라'라고 하는 대저택을 드보르작 기념박물관으로 만든 것이다. 이 거대한 바로크 양식의 건물은 프라하 바로크 양식의 위대한 건축가 디엔젠호페르K. I. Dientzenhofer가 1717~1722년에 걸쳐 건축한 것이다. 이곳에는 드보르작이 사용하던 피아노 등의 관련 물품이 잘 전시되어 있으며, 작은 실내악이나 피아노 연주회도 자주 개최된다.

이 박물관으로 가는 길목에는 한국 식당도 있고, 20세기 체코의 가장 위대한 반전 작가인 하섹의 대표작 『착한 병사 슈베이크의 모험』의 무대가 된 선술집 '우 칼리하U Kalicha'도 있으니 이곳을 일별하면 프라하의 진기한 선술집 분위기를 느낄 수 있다. 이곳의 체코 전통 흑맥주에 안주로 전통요리인 감자전을 곁들이면, 그 맛을 영원히 잊지 못할 것이다. 또 악사들에게 한국의 아리랑이나 '동무들아 나오너라'(이 노래는 체코 모라비아 지방의 민요 「파리가 벽에 앉는다」와 멜로디가 똑같다)' 등의 노래를 주문하여 흥얼대면 기분 만점이다.

문학에 묘사된 프라하의 이미지

착한 병사 슈베이크의 모험

프라하는 많은 작가들과 화가들, 그리고 음악가들의 찬양을 받으며 그들의 주옥같은 작품에 묘사되었다. 19세기 말과 20세기 초에는 릴케Rilke, 카프카, 막스브로트 등에 의해 프라하의 강렬한 이미지가 독일어 작품 속에 형상화되었다. 프라하는 1917년 러시아에 혁명이 일어나고 소련에 내전이 일어났을 때 러시아 지성인들의 메카였다. 이때 20세기 러시아 최고의 여류 시인 마리아 쯔베타예바Maria Tsvetaeva 등 많은 문인과 구조주의 언어학의 대가 로만 야콥손Roman Jakobson 등의 학자들이 프라하에 살면서 자신들의 작품 속에 프라하의 이미지를 생생하게 묘사하였다. 또한 19세기 얀 네루다의 「말라 스트라나 이야기」에는 프라하성 밑 소지구에 사는 서민들의 애환이 잔잔하게 사실적으로 그려져 있다. 네루다는 러시아의 체호프, 프랑스의 모파상, 미국의 오 헨리에 버금가는 위대한 단편소설가이자 시인이다.

20세기에 와서는 야로슬라프 하섹Jaroslav Hašek(1883~1923)의 『착한 병사 슈베이크의 모험』에서 프라하의 인간 군상들의 삶을 볼 수 있다. 특히 선술집 '우 칼리하'는 이 소설 도입부의 직접적인 무대로서 세계의 문학애호가들이 가장 많이 찾는 곳 중 하나이다. 체코의 진정한 선술집 분위기를 느낄 수 있는 우 칼리하의 모습은 그의 풍자적인 소설 속에 생생하게 묘사되어 있으며, 역으로 소설 속의 장면들도 후에 선술집 벽에 많이 그려졌다.

『착한 병사 슈베이크의 모험』은 단일 작품으로는 아직도 체코에서 가장 많이 팔리는 베스트셀러로서, 체코, 독일 등 여러 나라에서 영화와 드라마 등으로 제작되기도 했다. 거대하고 수많은 희비극적인 일화들로 이루어진 이 장편 소설은, 선량하고 바보 같은 병사가 바로 그 어리석은 수작 때문에 전쟁 중에서도 살아남은 지혜를 보여준다. 이 작품은 오스트리아-헝가리 제국의 멸망을 가져온 제1차 세계대전이라는 비극적인 역사와 인간생활의 부조리한 상황을 코믹하게 풍자한 반전 소설이다. 체코 사람들은 꾀병쟁이 슈베이크가 체코인의 전형이라는 데에 알레르기 반응을 보일 때도 있지만, 체코에 오래 살면

슈베이크와 비슷한 성격의 유쾌한 인물을 만날 수 있다.

또 다른 프라하 뒷골목 「황금호랑이 선술집」의 작가는 흐라발Bohumil Hrabal(1914~1996)이다. 체코에서는 현대 체코 문학을 이해하고자 하는 사람이면 누구나 그의 작품을 읽어야만 한다는 합의가 이루어져 있는 듯하다. 체코의 문학과 예술의 도시 브르노에서 태어난 흐라발은 가장 전형적인 국내파 작가이다. 그는 슈크보레츠키, 쿤데라와 더불어 1980년대 체코 산문의 세 거두로 추앙받고 있었는데 대부분의 문학사가들은 그중 흐라발을 가장 높이 평가하고 있다.

흐라발은 1996년에 사망하기까지 프라하 선술집에서 주워들은 이야기를 콜라주 기법으로 소설화했던 것으로 유명하다. 그는 하셱과 카프카로부터 영향을 받아 그로테스크하고 우스꽝스러운 것들을 즐겨 묘사하는, 유머 감각이 넘치는 작가였다. 이후 그의 문학은 1968년에 소위 '프라하의 봄'이라는 정치적 자유화 운동이 소련군의 탱크에 의해 좌절될 때까지 첫 황금기를 맞이했다. 그는 1963년 단편집 『밑바닥에 있는 작은 진주』에 이어 1964년 『별난 인간들』『연장자와 중년을 위한 댄스 교습법』으로 뒤늦게 등장했지만, 일약 유명작가가 되어 문단을 놀라게 했다. 흐라발의 초기 대표작인 『엄밀히 감시받은 열차』(1965)는 성을 두려워하는 사춘기의 철도원이 두려움을 극복하고 독일의 군수열차를 폭파하여 영웅이 되는 과정을 코믹하게 그린 작품으로, 이지 멘젤J. Menzel이 영화화하여 아카데미상 수상의 영광을 누린 작품이기도 하다. 19세기 중엽 런던의 삶을 알고 싶다면 「스크루지 영감」 등 찰스 디킨스의 작품을 읽어야 하고, 러시아의 상트페테르부르크의 삶을 느끼고 싶다면 『죄와 벌』 등 도스토예프스키와 『외투』 등 고골리의 작품을 읽어야 하듯이, 현대 프라하 체코인들의 삶을 경험하려면 흐라발을 읽어야 한다. 그는 진정 전형적인 프라하 작가이기 때문이다.

시인의 도시 프라하

체코는 인구에 비해 시집을 출판하는 시인이 가장 많은 나라 중 하나이다. 체코에서는 근대문학이 발달하기 시작한 18세기부터 민요 등 운문문학이 매우 다양하게 발달되어 체코인들의 풍부한 음악정신을 잘 표현하고 있다. 이는 현대에서도 마찬가지이다. 20세기 초 체코 문학의 황금기에 사이페르트, 호라, 네즈발 등의 시인들이 프롤레타리아 입장이나 초현실주의 입장 등에서 나름대로 주옥같은 작품 속에 프라하의 이미지를 묘사했다. 체코 작가로 노벨문학상을 수상한 야로슬라프 사이페르트Jaroslav Seifert(1901~1986)가 읊은 프라하에 대한 시 한 수를 감상해보자.

프라하 (옛 태피스트리에서 영감을 받은 시)

프라하!
그 도시를 한 번이라도 본 사람은 누구나

그 이름을 노래하리라,
영원히 가슴 속 깊이.
그 도시는 세월로 짜인 노래이고
우리는 그 도시를 사랑하리라.
그 이름 영원하여라!
내 최초의 행복한 꿈들이
하늘을 나는 비행접시들처럼
프라하의 지붕들 위를 날아다니다가
홀연 어딘가로 사라져버렸을 때
그때는 아직 젊었지.
한번은 나는 뺨을 대보았지
고색창연한 성벽의 돌담에.
이는 성 아래의 어딘 가였고
나는 귀청을 울리는 우렁찬 소리를,
지나간 역사의 함성을 들었지.
하지만 빌라호라*의
촉촉하게 젖은, 보드라운 흙은
내 귀에 대고 가만히 속삭였지.
가라, 가서 찬미하라.
그리고 노래하라, 기다리고 있지 않은가.
그러나 거짓말은 하지 말라.
나는 갔고 그리고 거짓말은 하지 않았지.
하지만 나의 사랑이여,
난 사실 거짓말을 조금은 하였지.

*빌라호라(白山: 1620년 전쟁에서 체코가 오스트리아에게
패배한 역사적 현장. 시 번역 권재일 주)
−사이페르트의 시집 『시인되기』 중에서

1984년 노벨문학상을 수상한 체코시인 야로슬라브 사이페르트는 진정한 노동자 계급 가정에서 태어났다. 윌케르가 시를 통해서 프롤레타리아 세계로 들어가려 했던 반면, 사이페르트는 그러한 한계로부터 벗어나고자 했다. 그러나 그의 혁명사상은 오히려 낭만적이었으며 사회주의가 약속한 땅에 대한 그의 환상 역시 전형적인 노동자 계급의 모습과는 달랐다.

사이페르트 시의 문체는 짧고 간단하다. 그렇게 하기 위해서 그는 표현에 표현을 쌓는다. 노동자들의 세계를 묘사하기 위해 그는 노동자들의 언어를 사용하고, 일상회화의 양식에서 시의 형식을 따왔다. 군중의 문화적 배경은 기본적으로 종교이기 때문에 그의 시에는 풍부한 성경적인 심상이 담겨 있으며, 기도문처럼 반복되는 표현 형식을 찾을 수 있다. 그의 윤리는 공산주의지만(아버지로부터 유래), 표현의 전달 수단은 기독교 정신(어머니로부터 유래)이다.

사이페르트는 프라하와 연관된 주옥같은 에로틱한 서정시도 많이 썼다. 이는 19세기 말부터 내려온 체코문학의 전통 중 하나이다. 사이페르트는 초기에는 프롤레타리아 입장에서 시를 쓰다가 차츰 포에티즘 입장의 시를 쓰면서 사랑과 에로티시즘의 주제를 다루었다. 그의 두 번째 시집에서 본격적으로

등장하기 시작한 사랑이라는 테마는, 그의 세 번째 시집『무선전선』에서는 아래 시에서 보듯이 에로티시즘과 결합하여 나타나게 된다. 이러한 특징은 그의 다음 시집 등에 줄기차게 등장하는 사이페르트 시의 가장 핵심적인 테마 중의 하나다.

부채(Vejíř)

부채 밑에 숨겨진 붉은 볼,
요염한 눈빛, 깊은 한숨,
그리고 야릇한 미소와 주름살.

젖가슴에 내려앉은 나비 한 마리,
얼룩진 흘러간 추억들의
사랑의 팔레트.

주판(Počitadlo)

그대의 한 젖가슴
오스트레일리아에서 온 사과 한 알과 같네.
그대의 양 젖가슴
오스트레일리아에서 온 사과 두 알과 같네.
나는 그 사랑의 주판을 가지고 놀기를 얼마나 좋아했던가!

'프라하의 봄'과 쿤데라의 소설 문학

이제 프라하를 에로티시즘의 도시라고 일컬은 쿤데라의 문학세계와, '프라하의 봄' 사건을 배경으로 하고 있는 그의 소설 『참을 수 없는 존재의 가벼움』의 줄거리를 알아보자.

밀란 쿤데라는 유럽의 지도(엄밀히 말하면 유럽 문화권)에서 체코슬로바키아, 폴란드, 헝가리 등이 사라지고 있다는 우려를 표명한 바 있다. 즉, 이들은 이른바 동유럽 또는 공산권 유럽의 나라들로 불리고 있지만, 사실 그 문화의 뿌리는 러시아가 이끌어온 슬라브족의 정교회 문화권에 있는 것이 아니라 오스트리아, 독일, 프랑스 등을 중심으로 한 유럽권, 그중에서도 중부 유럽의 가톨릭 문화권에 속한다고 그는 말했다. 그러나 제2차 세계대전 후 공산화가 된 이래, 공산주의 통치기간 동안 이 같은 본래의 문화권에서 격리되는 바람에 유럽 문화권에서 세 나라에 대한 기억이 사라져가고 있다고 경고했던 것이다.

그러나 쿤데라의 이러한 우려에도 불구하고, 이 나라들의 언어와 민족 문화는 결코 유럽 문화권에서 사라지거나 잊혀지지 않고 잡초처럼 다시 살아나고 있다.

청년 공산주의자 쿤데라

밀란 쿤데라는 1929년 4월 1일 모라비아의 도시 브르노에서 어머니 밀라다 야노시코바와 아버지 루드빅 쿤데라 사이에서 태어났다. 그는 피아니스트이며 음악 연구가인 아버지에게서 어릴 때부터 피아노 레슨을 받았고, 이어 카프랄V.Kapral과

하아스P.Haas 문하에서 작곡 등을 배웠다. 그의 많은 작품이 음악적 모티브를 심도 있게 다루고 있는 것은 이러한 교육적 배경 때문이다. 특히 그의 초기 대표작 『농담』에서는 모라비아 민속음악이 자세히 다루어졌다.

쿤데라는 1947년 당시 대부분의 지식인처럼 공산당에 가입하였고, 1960년 논문 「소설 예술」로 60세부터 모교에서 교수로 일하며 영화감독 밀로스 포만 등의 제자들을 길러냈다. 이 제자들은 그 후 '체코 신필름파'라고 불리는 하나의 유파를 형성하여 영화 예술계에 독특한 업적을 이루게 된다. 이 신필름파는 1950~1960년대 이탈리아, 프랑스, 폴란드 등의 영화계에 유행했던 신경향의 하나이다.

쿤데라는 소설 창작에 몰두, 1963년에 단편집 『우스꽝스런 사랑』을 발표했다. 그리고 1967년에 내놓은 『농담』으로 체코는 물론 유럽 전역에서도 인정받는 작가가 되었다. 그는 『백년간의 고독』을 쓴 남미의 가르시아 마르케스와 소설 『장미의 이름』의 작가인 이탈리아의 움베르트 에코와 더불어 20세기 말 가장 지적인 작가로 평가받고 있다.

『참을 수 없는 존재의 가벼움』에 나타난 사랑과 성

쿤데라의 소설 중 가장 재미있다는 『참을 수 없는 존재의 가벼움』의 배경은 시간적으로는 '프라하의 봄'과 그 이후이며, 공간적으로는 프라하와 그 주변의 온천장, 시골의 집단 농장 그리고 주인공들이 망명 생활을 하던 취리히, 제네바, 파리, 미국 등지이다. 체코 공산주의의 민주화 과정이 소련군의 개입으로 좌절되고 난 후, 주인공들이 존재의 위기감에 휩싸인 채 섹스와 사랑, 즉 육체와 영혼의 갈등 속에 살아가는 삶의 모습을 주된 내용으로 하고 있다.

소설의 주요 인물은 두 쌍의 남녀이다. 사랑과 성 그리고 존재 자체의 문제가 제대로 풀리지 않아 이들은 일종의 딜레마에 빠진다. 마치 체코슬로바키아가 소련군의 침공으로 딜레마에 빠지듯…….

유럽문학사에 자주 나오는 전형적인 바람둥이 주인공 돈 후안Don Juan형型 인물인 토마스는 유능한 외과 의사였다. 그러나 주간잡지에 발표한 논문 때문에 소련군이 진주한 후 일할 권리를 박탈당한 그는 유리창 닦기, 집단농장 트럭 운전사 등으로 생계를 꾸려나간다. 그의 아내 테레자는 시골 호텔 웨이트리스로 일하다가 토마스를 만나 사랑하게 되지만, 토마스에게 테레자는 무거운 부담이 된다. 테레자는 남편의 애인 사비나 덕택에 잡지사 사진작가로 성장하나 남편의 끝없는 바람둥이 기질 때문에 고민한다.

쿤데라는 이런 주인공들의 사랑과 성의 문제를 '철학적으로' 해결한다. 그는 사랑과 성은 별개의 것, 즉 사랑이란 존재론적인 자유 개념으로서 성과는 아무런 관련이 없다고 말한다. 1960년대는 프리섹스의 물결이 체코를 비롯한 유럽 전역을 휩쓸고 있는 상황이었다. 이 소설에서 쿤데라는 종래의 에로티시즘 소설에서 여성의 육체를 적나라하게 묘사하는 것과 달리,

성과 사랑의 문제를 본질적, 철학적으로 다루고 있다. 때문에 이 소설은 보다 높은 차원의 에로티시즘 문학으로서 독자들의 흥미를 불러일으킨다. 또 이 소설에는 고대 그리스 소포클레스의 비극「오이디푸스 왕」의 모티브와 오이디푸스 콤플렉스 모티브가 자주 등장한다. 이런 점을 염두에 두고 이 작품을 읽으면 더욱 흥미로우며, 소설의 깊은 맛을 느낄 수 있다.

극작가 출신 대통령 하벨의 문학과 평화 사상

바쯜라프 하벨Vaclav Havel은 1936년 프라하의 부유한 집안에서 태어났다. 그는 부르주아적인 배경 때문에 1948년 체코 공산정권 수립 후에는 정규교육을 받지 못하고 택시 운전기사 등 노동을 하였다. 그 후 프라하 예술아카데미를 졸업, 작가의 길로 매진하였으며, 1963년에 희곡「정원파티*Zahradni slavnost*」로 국제적인 작가가 되었다. 그러나 공산당에 대한 비판적인 내용을 담은 수많은 작품들을 발표하고, 검열을 거부하여 국내에서는 20여 년 동안 작품 발표를 금지당했다. 위대한 부조리 극작가 겸 수필작가이자 1989년 벨벳혁명 이후 13년간 체코슬로바키아와 체코의 대통령을 역임했던 그는, 판크라츠 감옥에서 감동적인 옥중 서한 문학『올가에게 보내는 편지』등 많은 작품을 썼다.

박식한 지식과 균형 잡힌 이념을 가진 하벨은 정치적인 경험 미숙을 훌륭한 통찰력으로 잘 극복하였다. 그는 정치도 권모술수 없이 도덕적으로 잘 할 수 있다는 것을 누누이 강조하고 실천하는 양심적인 정치가이자 평화주의 옹호자였으며, 민주주의를 실천한 위대한 정치가였다. 그리하여 그는 2004년에 한국의 서울평화상을 수상하였고, 노벨평화상의 후보로도 자주 거론되고 있다.

황제의 기마행렬을 따르며 프라하 엿보기

황제의 기마행렬을 따라가는 4시간 도보 여행의 묘미

프라하 관광은 관광 안내자의 안내를 따라가든지, 프라하시가 발행한 『실버라인』이라는 책자 등의 안내를 따라가보든지, 프라하성에서 옛날 왕들이 말을 타고 시정을 보러간 왕도를 따라 카렐다리를 건너 구시가지 광장을 거쳐 화약고 탑문까지 걸어가보는 것이 이상적이다. 프라하 관광의 필수인 프라하성에 있는 왕궁(현 대통령 궁), 성 비트성당과 그 주위의 로마네스크 양식의 하얀 쌍탑이 있는 성 이르지성당을 살펴보자.

프라하 여행 중에는 프라하성과 정문 위병 교대식, 왕궁미술관, 보물관, 국립미술관(고대 중세 바로크 작품 소장), 성 비트성당 내부를 꼭 봐야 한다. 비트성당 내부에는 역대 왕들의 무덤과 채색 유리에 그려진 성자들의 삶 또는 배우의 그림 등이 있다.

그림에 관심이 있는 사람들은 프라하성의 회화관을 꼭 들러보자. 회화관에는 루벤스의 「올림픽 신들의 회합」, 귀도레니의 「데이아네리아를 유괴하는 반인반마 네수스」와 티치아노의 「젊은 부인의 몸단장」 등 위대한 조각 작품들이 있다.

스테른베르크궁전의 미술관에서는 루카스 크라나흐의 「아담과 이브」, 브뢰겔의 「건초 작업」, 엘 그레코의 「그리스도의 머리」, 피카소의 「자화상」 등 풍부한 유럽 미술 걸작들을 감상할 수 있다. 또 성 이르지 수도원 미술관에서는 14세기부터 바로크시대까지 체코 미술 작품들을 즐길 수 있다.

로마네스크 교회 양식의 웅장한 정면을 자랑하는 성 이르지 성당은 프라하 건축의 시작이다. 시간이 충분하면 성 위쪽에 있는 이탈리아 바로크풍의 걸작 로레토Loreto와 체코 문학박물관으로 사용되고 있는 페트르진산 중턱의 스트라호프Strahov수도원을 둘러보자. 고딕 양식과 바로크 양식이 어우러진 이 수도원의 신학 종교관에는 800여 년 된 유명한 도서관이 있다.

황제 페르디난트 1세의 여름궁전이었던 벨베데르왕궁의 각종 진시회를 보면서 궁전의 시원하고 넓은 르네상스 예술미를 음미해 보는 것도 좋을 것이다. 페르디난트 1세가 사랑하는 아내에게 바친 벨베데르왕궁은 알프스북부 지방에서는 가장 아름답다는 이탈리아 르네상스식 건물이다. 가느다랗고 높은 열

주 기둥 위에는 뒤집어 놓은 듯한 배 모양의 청록색 구리 지붕
이 곡선미를 자랑한다. 이 건물의 기본적인 건축과 아케이드
안쪽의 화려한 장식 부도 등은 건축가 파올로델라 스텔라가
1538년부터 1564년에 걸쳐 완성한 것이다. 기하학적인 정원의
작은 연못에는 유럽의 궁전이나 빈궁전 또는 러시아 상트페테
르부르크의 표트르 대제의 여름궁전 등에서 볼 수 있는 '노래
하는 분수대'가 있다. 1568년에 만들어진 이 분수대는 청동그
릇에 물방울 떨어지는 가느다란 소리가 음악적이라 하여 그런
이름이 붙여졌다. 이는 체코인들의 음악적인 분위기를 보여주
는 또 하나의 예이다. 이 작은 연못은 프라하성 바로 밑에 있
는 화약 탑에서 거주하며 일했던 유명한 종 제조공 토마스 야
로스가 만들었다. 그러나 원래 이 궁전에 있던 수많은 미술품
들은 '30년 전쟁'이 끝나던 1648년, 스웨덴군에 의해 대부분
약탈당하였다.

카프카와 황금소로

카프카는 독재자 같은 아버지의 눈을 피해 누이동생 집에
숨어서 집필하였다. 그 누이동생의 집이었던 황금소로 22번지
에 있는 작은집을 보고 성 아래로 내려가자(오늘날 이 거리 입
구에서는 사립문을 달아놓고 입장료를 받고 있다).

황금소로 22번지는 카프카의 누이가 살던 집인데 현재는 카
프카에 관한 책자 등을 파는 기념품 가게이다. 이곳은 원래 중
세 때, 황제의 명에 의해 연금술사들이 작은 오막살이에 살면

서 동이나 납으로 100% 순도의 황금을 만들고자 수많은 실험을 했던 장인들의 거리이다. 비록 금을 만드는 것에는 실패했지만 수많은 실험은 화학 발달의 원동력이 되었다. 지금 그 집들의 이층에서는 옛날 성벽에서 적을 지켜보던 모습을 볼 수 있고, 긴 통로에서는 그 당시의 갑옷, 투구, 요대, 군화, 방패, 창 등 무기들을 볼 수 있을 뿐 아니라, 직접 활을 쏴 볼 수도 있다.

중세 십자군이나 장수들이 입던 전신갑주全身甲胄, 즉 갑옷은 크게 4부분으로 나누어져 있다. 먼저 하복부를 보호하기 위한 갑상甲裳이 있고, 갑甲으로는 가슴 부분을 보호한다. 심장과 명치는 근접전에서 치명상을 입을 수 있는 취약 부분이기 때문에 신경을 써서 가장 두텁게 만든다. 그리고 머리와 이마와 목을 가리는 호면護面이 있다. 앞이마와 목은 칼싸움에서 적에게 쉽게 노출되는 부위이다. 따라서 호면(투구)은 보통 앞이마를 효과적으로 가리도록 되어 있고, 역시 취약 부위인 인후 부위를 보호하기 위해 턱받침 같은 것을 부착하게 되어 있다. 마지막으로 호완護腕은 칼을 들거나 창을 꼬아 쥐었을 때 상대에게 노출되는 손목 부위를 보호하기 위해 착용하는 보호장구이다. 손목부터 손가락 전체를 덮는 벙어리 장갑형도 있고, 손등까지만 덮고 칭이니 활을 쉽게 쥐도록 손가락 부분을 노출시킨 것도 있다.

이렇게 완벽한 중세 전투복을 입은 십자군이 보헤미아를 침공하자, 당시 체코의 후스파 군인들은 갑옷을 입지 않고 그물

망이나 농기구를 개조한 기상천외한 무기를 가지고 빠른 기동
성으로 갑옷 입은 십자군을 효과적으로 쳐부수었다고 한다. 이
러한 역사적 물건들을 구경한 후 아래로 내려가면 땅 속 감옥
을 볼 수 있다.

또는 성문 오른쪽의 성벽으로 가서 석양 무렵의 프라하시를
바라보면, 위대한 시인 괴테가 '황금의 도시'라고 일컬었던 장
면을 목격할 수 있다. 수많은 금빛 뾰족탑이 석양에 찬란히 빛
나며 여행객을 황홀경에 빠지게 한다. 여기에서 오른쪽으로 내
려가면, 19세기에 체코의 체호프라고 불렸던 작가 얀 네루다
의 이름을 딴 네루다 거리가 나온다. 두 개의 태양무늬가 그려
진 집(네루도바거리 47번지)이 네루다가 살던 곳이다. 조약돌로
된 길을 따라 아래로 내려가면 길 양쪽에 이탈리아와 루마니
아 등 여러 나라의 대사관이 있고, 곧 거대한 성 미쿨라쉬(니콜
라스)성당이 보인다.

소지구의 광장과 성 미쿨라쉬성당

이제 흐라트차니성 아래 소지구(말라 스트라나)의 광장과 성
미쿨라쉬성당 등을 살펴보자. 소지구 광장에 있는 성 미쿨라쉬
성당은 전설적인 디젠호프 부자의 작품으로서, 장엄하고 화려
한 바로크 건축미와 벽화 등을 볼 수 있다. 성당 천장에 그린
성 니콜라스의 생애를 보여주는 그림은 바로크 양식의 프레스
코화로 유럽 최대를 자랑한다. 성당 내부에는 1787년에 모차
르트가 연주했던 오르간이 있으며, 이곳에서는 장엄한 바로크

음악회가 자주 열린다.

말라스트란스카 지하철역을 나와서 말라스트라나 광장 쪽으로 가는 좁은 길인 발트슈테인스카 거리를 따라가면 벨기에, 인도, 폴란드대사관 등 아름다운 건물들이 즐비하다. 발트슈테인스카 거리를 사이에 두고 바로 볼 수 있는, 체코가 낳은 위대한 교육학자 겸 작가인 코멘스키(코메니우스) 교육학박물관과 발트슈테인궁전과 궁전의 정원은 꼭 한번 둘러볼 만하다. 발트슈테인궁전은 현재 체코 상원으로 사용되고 있으며, 시간별로 여행객에게 공개된다. 2005년 여름에는 음악회와 민속춤을 곁들인 세계 체코문학 대회의 개막식이 이 역사적인 곳에서 진행되었다. 체코는 음악의 나라답게 이러한 국제적인 대회에는 꼭 가벼운 음악회를 함께 하는 것이 특징이다.

거대한 바로크 양식의 발트슈테인궁전은 체코의 왕을 꿈꾸던 당시 왕국의 군 총사령관 알브레히트 본 발트슈테인Albrecht von Wallenstein(1518~1634)에 의해 지어졌는데, 그는 프라하성에 버금가는 궁을 짓고자 하였다. 30년 전쟁에서 스웨덴 등 프로테스탄트 군대를 쳐부수고자 했던 페르디난트 2세(1619~1637)는 발트슈테인의 지략과 군대가 필요했고, 발트슈테인은 체코 왕위를 꿈꾸고 있었다. 결국 그는 황제와의 알력으로 1634년 황제의 용병에게 암살당했다.

거대한 궁과 궁전 정원은 화려하며 장엄하다. 상원으로 쓰이고 있는 이 궁전의 높고 화려한 본관의 천장에는, 발트슈테인이 자신을 로마 신화에 나오는 군신 마르스에 비유하여 승리의 전차를 탄 모습으로 그린 프레스코화가 있다. 이 건물의 설계자는 안드레아 스페짜Andrea Spezza이며, 여러 그림과 장식들을 조각한 사람들도 주로 이탈리아 예술가들이었다.

프라하 관광 제일의 명소인 카렐다리를 거쳐 구시가지를 지나 쩰레트나 거리(이 거리 20번지에 프라하 카렐대학 한국학과가 있음) 끝에 있는 화약고 탑문(서울의 동대문)까지 왕도(Royal Way)를 따라 걷는 재미는 환상적이다. 화약고 탑문에 이르면 바로 옆에 있는, 5월 국제음악축제의 개막식이 열리는 시민 회관의 예술적 미를 감상한다. 그리고 다시 오른쪽으로 돌아서 쇼핑가인 나 프르지코페Na příkopě가를 거쳐 바쫄라프광장까지 걸으면서 주변의 온갖 건축 양식 및 술집, 식당, 궁전, 교회, 미술관, 박물관 등 역사적 유적을 체험하면서 하루를 보낸다.

여유가 있으면 이튿날은 프라하의 역사가 시작되었다는 비세흐라트 성터 주위에 있는 로마네스크 양식의 작은 교회나 드보르작, 스메타나 등 작가 및 예술가들의 묘가 있는 국립묘지를 둘러본다. 또는 카프카의 무덤이 있는 프라하 올샨스케 묘지공원 안의 유대인 묘지나, 프라하 교외에 있는 카렐 4세의 여름궁전인 아름다운 칼슈테인성, 프라하에서 제일 큰 '디보카 샤르카'라는 아름다운 공원, 나체족이 태양을 즐기는 쥬반이라는 호수 등지를 보는 것도 좋을 것이다.

프라하시와 근교에는 체코 출신의 테니스 선수 마르티나 나브라틸로바의 후예들이 경영하는 테니스장과 100여 년 된 골프장 등 운동시설이 잘 되어 있으니, 장기체류하는 여행객들은 이용해볼 만하다. 또한 장기 여행객들은 프라하에서 서쪽으로 120km 정도 떨어진, 그림같이 아름다운 온천 도시 마리안스케 라즈네Marianské lázně나 카를로비 바리Karlovy vary를 방문하여 예술미 넘치는 건축미와 온천, 골프를 함께 즐기는 것도 좋다. 카를로비 바리에서는 매년 7월 초에 국제영화제가 열리기도 한다.

아름다운 프라하도 식후경

야간에는 맥주의 원산지 체코에서 맥주의 원조라고 말하는 플젠 맥주나 진짜 버드와이저 생맥주를 지하 선술집 등에서 즐길 수 있다.

체코 음식은 값이 싸고 맛이 좋다. 이웃나라 독일이나 오스트리아와 비교하면 체코 음식은 아무거나 다 맛있을 정도이며, 종류도 아주 다양하다. 패스트푸드에 식상한 식도락가라면 슬로우 푸드가 지배적인 다양한 체코 메뉴를 즐기자. 꼴레나라고 하는 돼지 족발은 흰 거품이 넘치는 질 좋고 향기 좋은 맥주 한잔과 잘 어울린다. 서양음식에 식상한 사람은 시내에 있는 한국 식당에서 된장찌개나 김치찌개, 혹은 일식으로 식욕을 만회할 수 있다. 그 외에 권하고 싶은 것은 멕시코 식당과 이태리 식당의 요리이며, 요리의 천국인 그리스나 터키음식도 즐길 만하다. 또 40여 개의 중국 식당에서도 식도락을 만끽할 수 있다. 판크라츠 지하철역 파노라마호텔 근처에 있는 '장성(The Great Wall)'이라는 중국 식당에서는 돼지고기나 해물을 넣은 누룽지탕을 맛볼 수 있는데, 우리의 구수한 누룽지에 고기를 살짝 넣어 요리한 것 같은 맛이 일품이다.

고급요리를 즐기려면 '시민회관' 1층에 있는 프랑스 식당에서 우아하게 저녁을 먹으며 예술적인 분위기를 느낄 수 있다. 또는 시내 곳곳의 캄파 등 관광명소에 있는 고급 술집과 레스토랑에서 식도락가가 되어볼 수도 있고, 선술집에서 즉흥 연주를 즐기며 프라하 시민이나 세계의 방랑자 여행객들과 인생을 논하는 재미도 쏠쏠하다. 그리고 이웃나라 오스트리아나 헝가리, 슬로바키아에 못지않은 적포도주와 백포도주 맛을 즐기려면 체코산이나 모라비아산 포도주를 주문하기 바란다. 물론 체코인 얀 크로쯔Jan Kroc가 시카고에서 창립한 맥도날드의 프라하 분점이나 KFC 등에서 인스턴트 음식으로 요기를 면할 수도 있으며, 수많은 카페에서 세계의 떠돌이들과 친교를 나눌 수도 있다.

또 구시가지 광장과 무스텍 지하철 중간 지점의 하벨스카 거리에 있는 하벨 야외시장에서 질 좋고 값싼 과일 등을 사서 즐기거나, 바로 옆 하벨성당 앞에 있는 체코 요리집인 체스카 쿠히네česka Kuchině에서 값싼 체코 전통 요리 뷔페도 시도해보자. 이곳에서는 100코루나(4,500원)면 맥주 한 잔과 요리 두세 개 정도를 즐길 수 있다.

시내 중심지에서 지하철 한두 개 역만 벗어나면 거의 모든 선술집이나 식당에서 매우 싸고 질 좋은 맥주와 음식을 즐길 수 있다. 운이 좋으면 시간대에 따라 토플리스 웨이스트리스가

권하는, 흰 거품 넘치는 맥주를 맛보며 짜릿한 기분을 느낄 수
도 있다. 시내 중심지에서 관광객들을 유혹하는 대부분의 식당
과 선술집은 상대적으로 비싼 편이다.

"체코인이면 음악인이다."라는 속담대로 프라하는 음악의
도시답게 매일 저녁 수많은 교회나 성당, 음악당에서 여러 가
지 음악 연주회가 개최된다. 이곳에서 음악만 즐길 것이 아니
라 아름다운 조각과 건축미를 음미한다면 더욱 뜻 깊은 시간
이 될 것이다. 프라하에서는 매일 저녁 다른 오페라 공연과, 연
중 내내 공연되는 모차르트의 오페라를 인형극으로 꾸민「돈
조반니」「피가로의 결혼」이나, 각종 블랙 코미디와 이미지 쇼
를 공연하는 극장에서 오락물을 즐길 수 있다. 전 미국 대통령
클린턴이 체코의 극작가 출신 대통령과 함께 공연하고 생맥주
를 즐겼던 재즈 바 레두타극장(Reduta Divadlo, Narodni 20번지)과
록 뮤직 연주회, 영어 연극, 화려하고 장대한 각종 뮤지컬, 1891
년 무역박람회를 개최했던 박람회 장(Výstaviště a Stromovka)에서
열리는 환상적인 분수 음악회, 그리고 뮤지컬과 세미오페라는
여름을 만끽할 장소로 손색이 없다. 또한 애교 넘치는 예쁜 아
가씨가 서빙하는 바나 나이트클럽 등에서도 음악과 술, 커피를
즐길 수 있다.

카렐다리를 건너 카프로바 거리로

앞서 언급했듯 카렐다리는 프라하 제일의 관광 명소이다.
카렐다리에서 도시의 양쪽 광경을 바라보면 한 발씩 움직일

때마다 새롭게 느껴지는 도시의 아름다움을 만끽할 수 있다. 특히 멋진 예술 사진 작품을 찍고 싶으면 야간이나 새벽에 해가 떠오르기 전의 환상적인 분위기를 이용하자. 성 밑에서 다리를 건너기 직전 오른쪽에 있는 캄파Kampa(프라하의 베니스라고 불리는 강 사이의 밤나무 섬 공원으로 주위에 최고급레스토랑이 즐비함)와 다리 건너 오른쪽 밑에 있는 화려하고 잘 정돈된 스메타나박물관을 본 후, 강가 버드나무 밑 스메타나 동상 앞에서 바라보는 성의 야경은 압권이다. 바로 옆에는 세계 젊은 이들의 천국인 프라하 최고의 디스코텍이 있다. 시간이 있으면 다리의 구시가지 입구에 있는 고딕 양식의 탑에 올라 뾰족탑 도시의 경관을 즐겨보자.

이 역사적인 다리를 지나면 좁고 꼬불꼬불한 카프로바 거리가 시작되고 양쪽에 있는 각종 기념품 가게들이 행인을 유혹하고 있다. 체코가 자랑하는 화려한 색의 크리스탈 제품에 한눈을 팔다가 길을 잃어버리는 것도 도시 여행의 색다른 경험이 될 것이다. 카프로바 거리는 조약돌길을 걸으며 중세의 분위기를 만끽할 수 있는 거리이다. 체코 현지인들이 대낮부터 술을 마시는 '황금호랑이 선술집U zlateho tygra' 등의 선술집에 들러보는 것도 좋은 경험이 될 것이다. 자리가 없을 때에는 옆자리에 앉으라고 하는 마음씨 좋은 프라잔(프라하 토박이)의 제의에 놀라지 말고 합석하여 프라하 선술집의 분위기를 즐기자. 이러한 선술집에서는 미국의 클린턴 대통령과 체코의 하벨 대통령이 노작가 흐라발과 잔을 기울이던 사진을 볼 수 있다.

입체주의 예술 작품들

구시가지 광장에 가서 오를로이 천문시계를 보았다면 시계 탑 5층, 구 시청 건물에 꼭 올라가 보자. 프라하의 중심을 한눈에 조망할 수 있으며, 천문시계의 기계적인 움직임을 관찰할 수도 있다.

그 다음으로 후스 기념동상과 카프카 광장, 카프카의 생가 및 주거지, 카프카가 다니던 독일계 고등학교가 자리했던, 아름답기 그지없는 로코코풍의 골즈 킨스키궁전, 틴Tyn교회(14세기 고딕 양식, 내부를 꼭 볼 것)와 그 앞 성모 마리아교회를 감상하자. 광장의 서북쪽에 장엄하게 자리한 체코 신교의 성지인 성 미쿨라쉬교회는 천주교 성당과 달리 내부 장식이 단순하며 아름답다. 운이 좋으면 오후 2시에 하는 무료 연주회를 즐길 수 있는데, 이곳의 바로크 관악기와 거대한 파이프오르간 연주회는 가히 장관이라 할 수 있다.

유대인지구는 시 중심 카렐대학 부근의 중부유럽에서 가장 오래되고 인상적인 곳으로 유대인 게토 지구였지만, 지금은 신구 시나고그, 스페인 시나고그, 유대인박물관, 유대인 묘지 등 유대인의 불행한 역사를 하루 만에 경험할 수 있는 곳이다.

체코는 독특한 입체주의 예술인 미술과 건축, 가구에 이르기까지 유럽에서 독보적인 작품을 가지고 있다. 프라하 구시가지 광장에서 화약고 탑문에 이르는 쩰레트나Celetná 거리에 인접한, 검은 마돈나(Black Madona)상이 달린 입체주의 박물관(Cubism Museum)에 가면 체코 입체주의 예술품의 진수를 볼 수 있다. 비셰흐라트지구에 있는 입체주의 양식의 아파트 등 프라하 시내에도 몇몇 입체주의 건물이 산재해 있다. 유대인지구 가까이의 빌코바 큐비즘 건축물(Bílkova)과 엘리슈키 크라스노호르스케Elišky Krásnohorske 거리 모퉁이에는 단순한 기하학적인 무늬들이 반복되는 평범한 건물들이 많은데, 이것이 바로 체코 입체주의 양식의 건물이다. 그중 창문을 힘겹게 양어깨로 떠받치고 있는 입체주의 양식의 남상男像기둥이 특이하다.

체코에는 유럽의 피카소나 세잔느, 브라크Georges Braque의 입체주의 그림과 유사한 그림을 그린 피카소의 친구 에밀 필라Emil Fila의 회화 외에도 입체주의 양식의 특이한 공예품, 해골이 나오는 그림 등 드라마틱한 내용과 이야깃거리가 있는 입체주의 작품들이 다양하다. 그러나 체코의 입체주의 건축과 가구는 실용화보다는 이론에 치우친 경향이 있다.

현대 모더니즘의 강렬한 경향인 입체주의는 예술뿐만 아니라 체코의 문학에도 나타나 있는데, 차페크의 소설 『유성』이 대표적인 입체주의 작품이다. 체코는 이처럼 문학과 예술에 있어 실험정신이 강하다.

화약고 탑문과 시민회관

한국의 동대문에 해당하는 프라하의 화약고 탑문(Prašná brána)은 중세의 프라하 성벽 동쪽 문이다. 1475년에 고딕 양식으로 건립되었으며, 파괴와 재건의 역사를 안고 있는 이 탑에는 17세기에 화약고가 있었다. 오늘날에는 탑 꼭대기에서 시 전체를 조망할 수 있다.

프라하뿐 아니라 유럽에서도 세세숀 또는 아르 누보 양식의 건물로는 가장 아름다운 것 중 하나가 바로 옆에 있는 시민회관(Obecní dům)이다. 시민회관은 체코 아르 누보 양식의 백미로서 '프라하의 봄' 국제 음악축제가 개막되는 스메타나홀이 있는 곳이다. 알폰스 무하 등의 그림이 있는 시민회관 1층의 프랑스 레스토랑의 화려한 장식은 보는 이를 감탄케 한다. 맥주를 좋아한다면 지하에 있는, 아르 누보 양식의 장식이 아름다운 플젠 생맥주 선술집에서 여유 있는 시간을 갖자. 이곳은 프라하에서 가장 아름다운 선술집이다.

스타보프스키극장

오보쯔니 트르흐Ovocný trh가의 프라하 카렐대학의 맞은편에 있는 스타보프스키극장은 모짜르트의 「돈 조반니」의 초연 및 「피가로의 결혼」이 성공적으로 상연된 오페라하우스이다. 여름 내내 공연되는 「돈 조반니」는 약간 코믹한 내용과 실험정신을 담고 있어 즐길 만하다.

미술에 관심이 있는 사람들은 알폰스 무하 미술관에 꼭 가보자. 체코가 낳은 가장 위대한 아르 누보 장식화가인 그의 그림과 일생을 한눈에 볼 수 있다.

바쯜라프광장과 민족박물관

바쯜라프광장 남쪽 끝 언덕의 장엄한 네오 르네상스 양식의

걸작품인 민족박물관(Narodní museum)은, 민족극장과 함께 체
코 민족주의의 상징이다. 이는 체코 민족 부흥시기의 전성시대
였던 19세기 말인 1890년에 완성되었다. 위대한 건축가 요셉
슐츠Josef Schulz가 설계한 이 박물관에서는 체코의 역사와 자연
사를 한눈에 볼 수 있다. 입구는 여러 가지 우화적인 상들로
장식되어 있으며, 건물 내부의 대리석 장식과 체코의 위대한
예술가, 작가, 음악가, 역사적인 인물들의 아름다운 조각상들
의 판테온이 체코 예술의 자존심을 드러내준다. 화려한 조형미
의 극치를 이루고 있는 아름다운 계단에서 개최되는, 멋진 화
음의 저녁 콘서트는 부담 없이 즐길 수 있는 작은 음악회이다.
　박물관 앞에는 우뚝 솟은 서울의 이순신 장군 동상을 연상
시키는 성 바쯜라프 동상이 광장을 내려다보고 있다. 그리고

바쯜라프광장

1968년 '프라하의 봄' 사건이 러시아 탱크의 습격으로 좌절되자, 이에 항의하다가 분신자살한 대학생 안 팔라흐를 추모하는 동상 앞의 꽃다발과 촛불을 보면서 민주주의를 사랑하는 체코인들의 삶도 음미해 보자. 체코인들은 이때의 사건 때문에 아직도 러시아인에 대한 나쁜 감정을 가지고 있다. 한국인의 일본에 대한 감정과 비슷하다고나 할까? 어쨌든 프라하의 중심가에 해당하는 바쯜라프광장 양쪽으로는 호텔 에브로파 등 아르 누보 양식의 고급호텔과 최고급 레스토랑이 있는데, 이곳에서 한번 귀족이 되어볼 만하다.

반짝이는 금도금으로 장식된 화려한 지붕의 민족극장(Narodní divadlo, 또는 국립극장)은 체코에서 민족주의가 한층 고양되었을 때 요셉 지텍Josef Zitek이 네오 르네상스 양식으로 건설한 것으로, 체코 민족부흥 전성기의 상징적인 건축물이다. 민족극장은 체코 민족의 자존심을 보여주는 종합예술미의 극치이며, 유럽 최초로 국민들이 낸 성금으로 건축되었다. 따라서 민족극장은 진정한 시민극장이다. 이는 귀족이나 왕족이 설립한 유럽 대부분의 극장과 오페라하우스와는 대조된다.

그러나 1881년에 개관을 앞두고 이 건물이 화재로 전소되자, 요셉 슐츠의 지휘하에 당시 체코의 최고 건축가와 예술가 등이 재건에 동참하였다. 체코 전국에서 성금이 또다시 모아졌고, 이것으로 시민극장은 1883년에 성공적으로 완공되었다.

재건축 개관 기념 공연으로는 스메타니의 오페라 「리부세」가 공연되었는데, 공주 리부세는 체코의 전설적인 시조이다.

공산주의 시절이었던 1970년대 후반부터 1980년대 초반까지는 복구 작업과 사무실 등이 증축되었다. 이 민족극장에서 오페라를 보면서 극장 내부의 예술미를 즐기는 것은 행복 그 자체이다.

민족극장에서 강둑을 따라 조금만 거슬러 올라가면 '춤추는 건물(Tancujicí dům)'이라는 현대 건축물이 있다. 이는 진저 로저스Ginger Rodgers와 프레드 에스테어Fred Astaire라는 두 남녀의 춤추는 장면을 건축미로 표현한 포스트모더니즘 양식의 건물이다. 이는 벨벳혁명 이후 시 중심에 건축된 유일한 건물로서, 슬로베니아 태생의 체코 건축가 블라도 밀루니츠Vlado Milunic와 미국 건축가 프랭크 오게리Frank O'Ghery가 설계한 건축물이다.

페트르진행 전철 종점에서 시내 쪽으로 조금 내려오면 그들이 설계한 또 하나의 예술적인 아파트를 볼 수 있다. 다양한 색깔과 모양으로 건설된 이 초현대식 아파트에는 매일 많은 사진작가들이 카메라를 들고 찾아온다. 아파트도 예술적으로 디자인하여 짓는 체코인들의 미적 감각은 역시 대단하다.

모두冒頭에서 언급했듯이, 시 전체가 박물관과 같은 매혹적인 프라하를 이 책 한 권으로 샅샅이 보는 것은 역부족이다. 독일 유대계 프란츠 카프카가 일생 이곳을 벗어나지 못한 이유, 모차르트가 자기의 음악을 진정으로 인정해준 프라하 시민을 생각하며 이곳에서 「돈 조반니」를 작곡하여 초연한 이유, 카프카의 친구 막스 브로트가 프라하를 "악의 도시"라 하고

밀란 쿤데라가 프라하를 "세상에서 가장 에로틱한 도시"라고
말한 진정한 의미를 찾으려면 프라하에 관한 더 많은 책을 읽
고 이 도시를 더 자세히 보길 바란다.

프라하 매혹적인 유럽의 박물관

펴낸날	초판 1쇄 2006년 6월 30일
	초판 6쇄 2019년 2월 22일

지은이	김규진
펴낸이	심만수
펴낸곳	(주)살림출판사
출판등록	1989년 11월 1일 제9-210호

주소	경기도 파주시 광인사길 30
전화	031-955-1350 팩스 031-624-1356
홈페이지	http://www.sallimbooks.com
이메일	book@sallimbooks.com

ISBN	978-89-522-0524-7 04080
	978-89-522-0096-9 04080(세트)

※ 값은 뒤표지에 있습니다.
※ 잘못 만들어진 책은 구입하신 서점에서 바꾸어 드립니다.

085 책과 세계

강유원(철학자)

책이라는 텍스트는 본래 세계라는 맥락에서 생겨났다. 인류가 남긴 고전의 중요성은 바로 우리가 가 볼 수 없는 세계를 글자라는 매개를 통해서 우리에게 생생하게 전해 주는 것이다. 이 책은 역사라는 시간과 지상이라고 하는 공간 속에 나타났던 텍스트를 통해 고전에 담겨진 사회와 사상을 드러내려 한다.

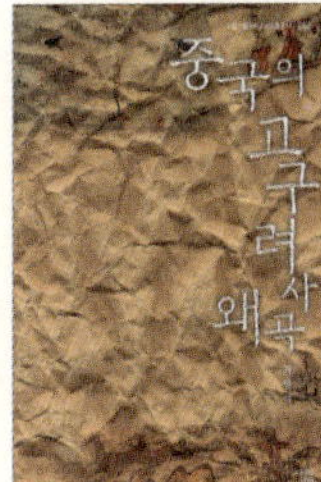

056 중국의 고구려사 왜곡　　eBook

최광식(고려대 한국사학과 교수)

중국의 고구려사 왜곡의 숨은 의도와 논리, 그리고 우리의 대응 방안을 다뤘다. 저자는 동북공정이 국가 차원에서 진행되는 정치적 프로젝트임을 치밀하게 증언한다. 경제적 목적과 영토 확장의 이해관계 등이 복잡하게 얽혀 있는 동북공정의 진정한 배경에 대한 설명, 고구려의 역사적 정체성에 대한 문제, 고구려사 왜곡에 대한 우리의 대처방법 등이 소개된다.

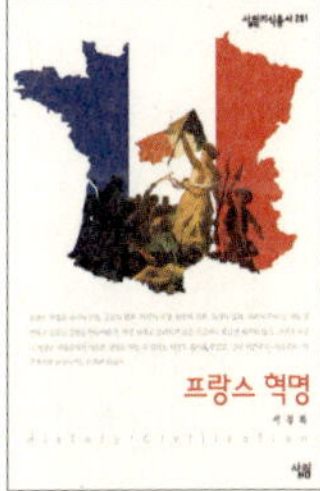

291 프랑스 혁명　　eBook

서정복(충남대 사학과 교수)

프랑스 혁명은 시민혁명의 모델이자 근대 시민국가 탄생의 상징이지만, 그 실상을 아는 사람은 많지 않다. 프랑스 혁명이 바스티유 습격 이전에 이미 시작되었으며, 자유와 평등 그리고 공화정의 꽃을 피기 위해 너무 많은 피를 흘렸고, 혁명의 과정에서 해방과 공포가 엇갈리고 있었다는 등의 이야기를 통해 프랑스 혁명의 실상을 소개한다.

139 신용하 교수의 독도 이야기　　eBook

신용하(백범학술원 원장)

사학계의 원로이자 독도 관련 연구의 대가인 신용하 교수가 일본의 독도 영토 편입문제를 걱정하며 일반 독자가 읽기 쉽게 쓴 책. 저자는 역사적으로나 국제법상으로 실효적 점유상으로나, 어느 측면에서 보아도 독도는 명백하게 우리 땅이라고 주장하며 여러 가지 역사적인 자료를 제시한다.

144 페르시아 문화

신규섭(한국외대 연구교수)

인류 최초 문명의 뿌리에서 뻗어 나와 아랍을 넘어 중국, 인도와 파키스탄, 심지어 그리스에까지 흔적을 남긴 페르시아 문화에 대한 개론서. 이 책은 오랫동안 베일에 가려 있던 페르시아 문명을 소개하여 이슬람에 대한 편견과 오해를 바로 잡는다. 이태백이 이란계였다는 사실, 돈황과 서역, 이란의 현대 문화 등이 서술된다.

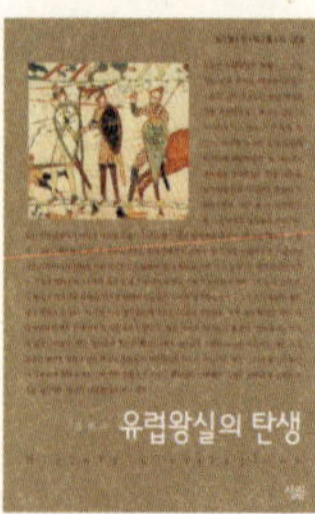

086 유럽왕실의 탄생

김현수(단국대 역사학과 교수)

인류에게 '예술과 문명' 그리고 '근대와 국가'라는 개념을 선사한 유럽왕실. 유럽왕실의 탄생배경과 그 정체성은 무엇인가? 이 책은 게르만의 한 종족인 프랑크족과 메로빙거 왕조, 프랑스의 카페 왕조, 독일의 작센 왕조, 잉글랜드의 웨섹스 왕조 등 수많은 왕조의 출현과 쇠퇴를 통해 유럽 역사의 변천을 소개한다.

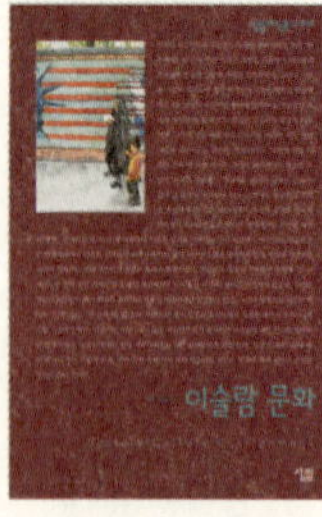

016 이슬람 문화

이희수(한양대 문화인류학과 교수)

이슬람교와 무슬림의 삶, 테러와 팔레스타인 문제 등 이슬람 문화 전반을 다룬 책. 저자는 그들의 멋과 가치관을 흥미롭게 설명하면서 한편으로 오해와 편견에 사로잡혀 있던 시각의 일대 전환을 요구한다. 이슬람교와 기독교의 관계, 무슬림의 삶과 낭만, 이슬람 원리주의와 지하드의 실상, 팔레스타인 분할 과정 등의 내용이 소개된다.

100 여행 이야기

이진홍(한국외대 강사)

이 책은 여행의 본질 위를 '길거리의 철학자'처럼 편안하게 소요한다. 먼저 여행의 역사를 더듬어 봄으로써 여행이 어떻게 인류 역사의 형성과 같이해 왔는지를 생각하고, 다음으로 여행의 사회학적·심리학적 의미를 추적함으로써 여행에 어떤 의미를 부여할 것인가에 대해 말한다. 또한 우리의 내면과 여행의 관계 정의를 시도한다.

293 문화대혁명 중국 현대사의 트라우마　eBook

백승욱(중앙대 사회학과 교수)

중국의 문화대혁명은 한두 줄의 정부 공식 입장을 통해 정리될 수 없는 중대한 사건이다. 20세기 중국의 모든 모순은 사실 문화대혁명 시기에 집약되어 있다고 해도 과언이 아니다. 사회주의 시기의 국가·당·대중의 모순이라는 문제의 복판에서 문화대혁명을 다시 읽을 필요가 있는 지금, 이 책은 문화대혁명에 대한 안내자가 될 것이다.

174 정치의 원형을 찾아서　eBook

최자영(부산외국어대학교 HK교수)

인류가 걸어온 모든 정치체제들을 매우 짧은 기간 동안 시험하고 정비한 나라, 그리스. 이 책은 과두정, 민주정, 참주정 등 고대 그리스의 정치사를 추적하고, 정치가들의 파란만장한 일화 등을 소개하고 있다. 특히 이 책의 저자는 아테네인들이 추구했던 정치방법이 오늘 우리 사회가 당면한 문제를 해결할 수 있는 지혜의 발견에 도움을 줄 수 있을 것이라고 말한다.

420 위대한 도서관 건축순례　eBook

최정태(부산대학교 명예교수)

이 책은 도서관의 건축을 중심으로 다룬 일종의 기행문이다. 고대 도서관에서부터 21세기에 완공된 최첨단 도서관까지, 필자는 가능한 많은 도서관을 직접 찾아보려고 애썼다. 미처 방문하지 못한 도서관에 대해서는 문헌과 그림 등 가능한 많은 정보를 수집하려 노력했다. 필자의 단상들을 함께 읽는 동안 우리 사회에서 도서관이 차지하는 의미에 대해 다시 생각하게 된다.

421 아름다운 도서관 오디세이　eBook

최정태(부산대학교 명예교수)

이 책은 문헌정보학과에서 자료 조직을 공부하고 평생을 도서관에 몸담았던 한 도서관 애찬가의 고백이다. 필자는 퇴임 후 지금까지 도서관을 돌아다니면서 직접 보고 배운 것이 40여 년 동안 강단과 현장에서 보고 얻은 이야기보다 훨씬 많았다고 말한다. '세계 도서관 여행 가이드'라 불러도 손색없을 만큼 풍부하고 다채로운 내용이 이 한 권에 담겼다.

eBook 표시가 되어있는 도서는 전자책으로 구매가 가능합니다.

㈜살림출판사
www.sallimbooks.com
주소 경기도 파주시 문발동 522-1 | 전화 031-955-1350 | 팩스 031-955-1355